GEORG WILHELM FRIEDRICH HEGEL

Jenaer Kritische Schriften (III)

Glauben und Wissen
oder die Reflexionsphilosophie
der Subjektivität, in der Vollständigkeit
ihrer Formen, als Kantische, Jacobische
und Fichtesche Philosophie

Neu herausgegeben von
HANS BROCKARD
und
HARTMUT BUCHNER

FELIX MEINER VERLAG
HAMBURG

PHILOSOPHISCHE BIBLIOTHEK BAND 319c

Die vorliegende Ausgabe beruht auf dem Text der kritischen Edition G. W. F. Hegel, Gesammelte Werke, Band 4, herausgegeben von Hartmut Buchner und Otto Pöggeler (1968). Sie ersetzt die von Georg Lasson besorgte Ausgabe in „Erste Druckschriften" (Philosophische Bibliothek Band 62, 1928) und die der späteren Einzelausgabe in Bd. 62b (Nachdruck 1962). Die Verwendung des Textes der kritischen Edition erfolgt mit freundlicher Genehmigung der Rheinisch-Westfälischen Akademie der Wissenschaften, Düsseldorf.

CIP-Kurztitelaufnahme der Deutschen Bibliothek

Hegel, Georg Wilhelm Friedrich:
Jenaer kritische Schriften / Georg Wilhelm Friedrich Hegel. Neu hrsg. von Hans Brockard u. Hartmut Buchner. — Hamburg : Meiner
NE: Brockard, Hans [Hrsg.]; Hegel, Georg Wilhelm Friedrich: [Sammlung]
3. Glauben und Wissen oder die Reflexionsphilosophie der Subjektivität in der Vollständigkeit ihrer Formen als Kantische, Jacobische und Fichtesche Philosophie. — 1986.
  (Philosophische Bibliothek ; Bd. 319c)
  ISBN 3-7873-0662-5
NE: GT

© Felix Meiner Verlag, Hamburg 1986. Alle Rechte an dieser Ausgabe, auch die des auszugsweisen Nachdrucks, der fotomechanischen Wiedergabe und der Übersetzung, vorbehalten. Dies betrifft auch die Vervielfältigung und Übertragung einzelner Textabschnitte durch alle Verfahren wie Speicherung und Übertragung auf Papier, Transparente, Filme, Bänder, Platten und andere Medien, soweit es nicht §§ 53 und 54 URG ausdrücklich gestatten. Satz: W. Kämpf, München. Einband: Himmelheber, Hamburg. Printed in Germany.

INHALT

Einleitung. Von Hans Brockard und Hartmut Buchner VII
Literaturhinweise XV

Georg Wilhelm Friedrich Hegel

Glauben und Wissen oder die Reflexionsphilosophie der Subjektivität, in der Vollständigkeit ihrer Formen, als Kantische, Jacobische und Fichtesche Philosophie

[Einleitung] 1
A. Kantische Philosophie 14
B. Jacobische Philosophie 44
C. Fichtesche Philosophie 98
[Schluß] 132

Anmerkungen der Herausgeber 135

Sachindex 147

Personenverzeichnis 156

EINLEITUNG

Mit *Glauben und Wissen* wird die Neubearbeitung von Studienausgaben der Texte Hegels in der Philosophischen Bibliothek weitergeführt[1]; als *Jenaer Kritische Schriften (III)* schließt vorliegender Band zugleich die Präsentation der ersten im Druck erschienenen Schriften Hegels aus der Jenaer Zeit in der Reihe der Studientexte der Philosophischen Bibliothek ab.

I

Glauben und Wissen erschien Mitte Juli 1802 im Verlag Cotta in Tübingen als erstes Heft von Band II des von Hegel und Schelling herausgegebenen und allein geschriebenen *Kritischen Journals der Philosophie*[2]. In diesem verwirklicht Hegel, was er sich am Schluß der *Vorerinnerung* der *Differenzschrift*, seiner ersten philosophischen Veröffentlichung, als nächste Aufgabe vorgenommen hatte: „Einige der interessantern dieser Gegenstände werden sonst noch

---

[1] Bisher liegen vor:
Jenaer Kritische Schriften (I). Band 319a. 1979.
Jenaer Kritische Schriften (II). Band 319b. 1983.
Jenaer Systementwürfe (II). Band 332. 1982.
Wissenschaft der Logik. Erster Band. Die Lehre vom Sein (1812). Band 375. 1986.

[2] Zum *Kritischen Journal* vgl. *Jenaer Kritische Schriften (II)*, S. VII–XVII (dort auch die weiteren *Journal*-Arbeiten Hegels) sowie, ausführlicher, *Gesammelte Werke*, hrsg. i. Auftr. der Deutschen Forschungsgemeinschaft, Bd. 4: *Jenaer Kritische Schriften*. Hamburg 1968. S. 529–549, zu *Glauben und Wissen* insbesondere S. 531 und 538f.

eine größere Ausführung erhalten." Diese ‚Gegenstände' beziehen sich auf das, was Hegel zum Teil im ersten Abschnitt der *Differenzschrift* unter der Überschrift „Mancherlei Formen, die bei dem jetzigen Philosophieren vorkommen", behandelt hatte[3]: das Verhältnis von Reflexion und gesundem Menschenverstand[4], die Bedeutung des Skeptizismus und sein Verhältnis zur Philosophie[5], die eingehende Auseinandersetzung mit Kants und Fichtes praktischer Philosophie[6] und insbesondere die Stellung der Reflexion[7] innerhalb der Aufgabe der Philosophie, die Einsicht in die geschichtliche Konstellation der Entzweiung des Lebensganzen für den Ansatz einer Philosophie, die ihr Sein im Absoluten hat.

Wissen ist in der *Differenzschrift* die „bewußte Identität des Endlichen und der Unendlichkeit, die Vereinigung beider Welten, der sinnlichen und der intellektuellen, der notwendigen und der freien, im Bewußtsein"[8]; *Glauben* heißt dort das „Verhältnis oder Beziehung der Beschränktheit auf das Absolute, in welcher Beziehung nur die Entgegensetzung im Bewußtsein, hingegen über die Identität eine völlige Bewußtlosigkeit vorhanden ist", er „drückt nicht das Synthetische des Gefühls oder der Anschauung aus, er

---

[3] *Differenz des Fichteschen und Schellingschen Systems der Philosophie* (= *Differenzschrift*), in: G.W.F. Hegel, *Jenaer Kritische Schriften (I)*. Philosophische Bibliothek Band 319a. Hamburg 1979. S. 5, 6—39 sowie 116.

[4] Vgl. die Rezension *Wie der gemeine Menschenverstand die Philosophie nehme — dargestellt an den Werken des Herrn Krug* im *Kritischen Journal*; in: G.W.F. Hegel, *Jenaer Kritische Schriften (II)*. Philosophische Bibliothek Band 319b, Hamburg 1983, S. 16ff.

[5] Vgl. den Aufsatz *Verhältnis des Skeptizismus zur Philosophie*, ... ebd. S. 34ff. (Siehe Schluß der *Differenzschrift*.)

[6] Vgl. den Aufsatz *Über die wissenschaftlichen Behandlungsarten des Naturrechts* ... ebd., S. 90ff.

[7] Vgl. den Abschnitt *Reflexion als Instrument des Philosophierens* in der *Differenzschrift*, in: G.W.F. Hegel, *Jenaer Kritische Schriften (I)*. Philosophische Bibliothek Band 319a. Hamburg 1979. S. 15ff.

[8] A.a.O., S. 17f.

ist ein Verhältnis der Reflexion zum Absoluten"[9]. Hegel greift hier im Beginn seines eigentlichen Philosophierens eine Problematik auf, die ihn bereits gegen Ende seiner Frankfurter Zeit maßgeblich beschäftigt hatte[10].

Hegel war für die eindringliche Auseinandersetzung mit der Thematik seines umfänglichsten Aufsatzes im *Kritischen Journal* gut gerüstet; er sah in ihrer Ausarbeitung als Kritik zugleich eine notwendige Bedingung für den konkreten Ansatz seiner eigenen Systemphilosophie, wie der Schluß von *Glauben und Wissen* klar ausspricht[11].

Es ist nicht ohne weiteres einsichtig, warum Hegel eine Auseinandersetzung mit den bedeutendsten Vertretern der, wie er es nennt, Reflexions-Kultur der neueren Zeit, Kant, Jacobi und Fichte, unter den Titel *Glauben und Wissen* stellt. Verständlich wird dies nur, wenn man die Hegelsche Grundbestimmung der Philosophie zugrunde legt, die im Schicksal der Zeit festgewordenen Gegensätze und Fixierungen denkend *aufzuheben* und Gott bzw. das Absolute zu *erkennen*. Der Titel *Glauben und Wissen* zeigt so unmißverständlich den Ort der Auseinandersetzung mit dem neuzeitlichen Idealismus des Endlichen an; „Idealismus des Endlichen"[12] ist Hegels Name für die reflexionsbestimmte neuzeitliche Philosophie der Subjektivität und des Selbstbewußtseins seit Descartes[13]. Dieser Ort ist schon ursprünglich ein anderer als derjenige, der durch die transzendentale Fragestellung nach den Bedingungen der Möglichkeit des Erkennens einer endlichen menschlichen Vernunft („Wie sind synthetische Urteile a priori möglich?") gekennzeichnet ist. Es ist der Ort von Religion als „Erhebung des Men-

---

[9] A.a.O., S. 22.
[10] Vgl. *Hegels theologische Jugendschriften*. Hrsg. v. Herman Nohl. Tübingen 1907. Insbes. S. 311ff.
[11] Vgl. unten S. 132,20—133,15.
[12] Vgl. unten S. 11,16f.
[13] Vgl. Hegels *Einleitung* zum *Kritischen Journal*: *Über das Wesen der philosophischen Kritik überhaupt, und ihr Verhältnis zum gegenwärtigen Zustand der Philosophie insbesondere*, in: *Jenaer Kritische Schriften* (II). Philosophische Bibliothek Band 319b. Hamburg 1983. S. 1ff., insbes. S. 13f. („Sonst, wenn man will ...").

schen ... vom endlichen Leben zum unendlichen Leben"[14] in einer für Hegel von der Übermacht der Reflexion bestimmten Zeit. Diese Übermacht der Reflexion ist so bestimmend geworden, daß sie nun auch den alten Unterschied von wahrhaftem Glauben und philosophischem Erkennen zerstört, und beide, Glauben und Wissen, zu einem Reflexionsgegensatz — und das heißt für Hegel zu einer Entzweiungsgestalt des Absoluten — innerhalb des neuzeitlichen Denkens gemacht hat, wie es Kants programmatischer Satz aus der Vorrede zur zweiten Auflage der *Kritik der reinen Vernunft* ausspricht: „Ich mußte also das *Wissen* aufheben, um zum *Glauben* Platz zu bekommen..."[15]

Das unbeirrbare und sichere Festhalten Hegels an der Bestimmung der Philosophie als „Erkennen des Absoluten"[16] (genitivus obiectivus *et* subiectivus) muß solange als verschroben erscheinen, wie übersehen wird, daß es Hegel darin auch um die Befreiung des endlichen Lebens als einer Modifikation des Lebensganzen aus der totalen ‚verständigen Berechnung' des Universums[17] geht, die durch die „absolute Subjektivität der Vernunft und ihre Entgegensetzung gegen die Realität" droht, da hierdurch umgekehrt „die Welt der Vernunft absolut entgegengesetzt ... bleibt"[18]. In diesem Zusammenhang steht auch Hegels nur dem Anschein nach unvermittelte Bestimmung der christlichen Religion gegen Ende des Fichte-Kapitels: „Die Religion teilt mit dieser Philosophie der absoluten Subjektivität so wenig ihre Ansicht, daß, indem diese das Übel nur als Zufälligkeit und Willkür der schon an sich endlichen Natur begreift, sie vielmehr das Böse als Notwendigkeit der endlichen Natur, als Eins mit dem Begriff derselben dar-

---

[14] *Hegels theologische Jugendschriften.* Hrsg. v. Herman Nohl. Tübingen 1907. Sog. „Systemfragment von 1800". S. 347.
[15] Kant. *Kritik der reinen Vernunft.* B XXX.
[16] *Einleitung* zum *Kritischen Journal,* in: G.W.F. Hegel. *Jenaer Kritische Schriften (II).* Philosophische Bibliothek Band 319b. Hamburg 1983. S. 2.
[17] Vgl. unten S. 10,35f.
[18] Unten S. 123,36—38.

stellt, aber für diese Notwendigkeit zugleich eine ewige, d.h. nicht eine in den unendlichen Progreß hinaus verschobene und nie zu realisierende, sondern wahrhaft reale und vorhandene Erlösung darstellt, und der Natur, insofern sie als endliche und einzelne betrachtet wird, eine mögliche Versöhnung darbietet, deren ursprüngliche Möglichkeit, das Subjektive, im ursprünglichen Abbilde Gottes, ihr Objektives aber, die Wirklichkeit in seiner ewigen Menschwerdung, die Identität jener Möglichkeit und dieser Wirklichkeit aber durch den Geist als das Einssein des Subjektiven mit dem Mensch gewordenen Gotte, also die Welt an sich rekonstruiert, erlöst, und auf eine ganz andere Weise geheiligt ist, ..."[19]

Hegel nimmt die drei Philosophien der absoluten Subjektivität von Kant, Jacobi und Fichte gerade und nur ernst als Philosophien des Unendlichen und destruiert sie dementsprechend auf den in ihnen jeweils angesetzten Begriff der Unendlichkeit hin. Am Schluß von *Glauben und Wissen* unterscheidet er die „Philosophie des Endlichen" von der „Philosophie der Unendlichkeit" (d.h. des sich als Ich und Subjekt fixierenden Denkens). Beide stehen zwar nach einer Hinsicht auf der gleichen Stufe, die Philosophie der Unendlichkeit jedoch ist für Hegel seiner „Philosophie des Absoluten näher", da der innere Charakter der Unendlichkeit Negation und Indifferenz ist[20]. Dieses Nähersein darf aber nicht so mißverstanden werden, als gebe es für die Reflexion einen kontinuierlichen Übergang von der Philosophie des Unendlichen zur Philosophie des Absoluten. Hier ist der Sprung in eine andere Dimension des Denkens nötig, die Hegel als „das Spekulative" bezeichnet. Dieser Sprung in das Denken des Absoluten verlangt das, was Hegel den spekulativen Karfreitag als Moment der höchsten Idee nennt, die durchgeführte Vernichtung aller fixierten Endlichkeit. Hegel gibt diesem spekulativen Karfreitag eine „philosophische Existenz", indem er die Ver-

---

[19] Unten S. 125,20—37.
[20] Unten S. 134,3—10.

nichtung aller fixierten Endlichkeit (die er bald Dialektik nennen wird) spekulativ durchführt[21].

Diese Durchführung unternimmt Hegel dann unter anderem in der *Phänomenologie des Geistes*, in der der „Tod des göttlichen Menschen" den Übergang bildet von der offenbaren Religion zum Schlußabschnitt „Das absolute Wissen". — Wie sehr Hegel auch in späterer Zeit den notwendigen Aspekt einer Kritik der Reflexionsphilosophie der Subjektivität festhält, zeigt sich z.B. in seinem Vorwort zu H.F.W. Hinrichs Religionsschrift von 1822[22], das ebenso wie die Abhandlung von 1802 den Titel „Glauben und Wissen" tragen könnte, oder in dem Abschnitt über die Stellungen des Gedankens zur Objektivität in der *Enzyklopädie der philosophischen Wissenschaften*. —

Wenn hier im Zusammenhang von *Glauben und Wissen* vor allem auf den Hegelschen Grundgedanken einer ihre eigene Negativität durchgehenden Philosophie der Versöhnung abgehoben ist, so darf dabei nicht übersehen werden, daß nach Hegel selbst ein „Mißton" im spekulativen Versöhnungsgeschehen zurückbleibt beziehungsweise aufbricht, wie er gegen Ende seines Philosophierens konstatiert. Dieser Mißton besteht, wie die späten *Vorlesungen über die Philosophie der Religion* andeuten, darin, daß jene Versöhnung nur in der Philosophie, in der Gemeinde der Denkenden des absoluten Geistes statthat und so partiell ist, die zeitliche Gegenwart aber draußen bleibt. „Wie sich die zeitliche, empirische Gegenwart aus ihrem Zwiespalt herausfinde, wie sie sich gestalte, ist ihr zu überlassen und ist nicht die unmittelbar praktische Sache und Angelegenheit der Philosophie."[23]

---

[21] Vgl. unten S. 134.

[22] H.W.F. Hinrichs. *Die Religion im inneren Verhältnisse zur Wissenschaft. Nebst Darstellung und Beurtheilung der von Jacobi, Kant, Fichte und Schelling gemachten Versuche, dieselbe wissenschaftlich zu erfassen, und nach ihrem Hauptinhalte zu entwickeln.* Heidelberg 1822. S. I–XXVIII. (Nachdr. Aetas Kantiana, Bd. 104. Brüssel 1970.)

[23] G.W.F. Hegel, *Vorlesungen über die Philosophie der Religion.* Hrsg. v. G. Lasson, Band 2, 2. Halbband. Hamburg 1966 (= Philosophische Bibliothek Band 63). S. 230ff. und *Jubiläumsausgabe.* Band 16. Stuttgart 1928 u.ö. S. 355f.

II

Textgrundlage für vorliegende Studienausgabe ist der von Hartmut Buchner und Otto Pöggeler herausgegebene *Band 4* der historisch-kritischen Ausgabe der *Gesammelten Werke* G.W.F. Hegels (Hamburg 1968).

In *Glauben und Wissen* geht Hegel, wie in allen seinen frühen Veröffentlichungen, sehr frei und zum Teil auch undurchsichtig mit Rechtschreibung, Zeichensetzung und gelegentlich auch mit dem Satzbau um.

Rechtschreibung und Zeichensetzung wurden im Rahmen dieser Studienausgabe vorsichtig normalisiert und modernisiert, wobei im Wesentlichen die Grundsätze gelten, die Friedhelm Nicolin und Otto Pöggeler bei der Studienausgabe der *Enzyklopädie der philosophischen Wissenschaften im Grundrisse* (Hamburg 1959, Philosophische Bibliothek Bd. 33. S. Lf.) aufgestellt haben. Wo es sinnvoll erschien, wurden Eigenheiten der Hegelschen Rechtschreibung und des Hegelschen Wortgebrauchs beibehalten (z.B. Ahndung statt Ahnung; der von Fichte übernommene Gebrauch von synthesieren statt synthetisieren). Es wurde nicht versucht, Unregelmäßigkeiten Hegels beim Gebrauch der Fälle, bei Getrennt- oder Zusammen-, Groß- oder Kleinschreibung mechanisch zu vereinheitlichen; auch wurde Hegels Gebrauch des (großgeschriebenen) emphatischen ‚Eins' beibehalten. Regelmäßig groß geschrieben wurden eindeutig substantivisch gebrauchte Adjektive (das Endliche, etwas Subjektives etc.).

Der stark akzentuierende, rhythmisierende und gliedernde Gebrauch von Kommata wurde regelmäßig beibehalten, wo Mißverständnisse nicht zu befürchten waren; auch wurde das Semikolon, das Hegel nahezu als universelles Satzzeichen benutzt (also auch in der Funktion als Punkt, Doppelpunkt, Klammer, Gedankenstrich oder Komma) nur dort ersetzt, wo andernfalls schwere Irritationen entstünden. In einigen wenigen Fällen wurde in den Anmerkungen ein Lesevorschlag gemacht. – Durch den Gebrauch von Semikola und Kommata gliedert Hegel seine oft außerordentlich langen und verschachtelten Perioden; wo diese nicht unmittelbar nachvollzogen werden können, empfiehlt es sich, die entsprechende Passage unter Betonung der Hegelschen Zeichensetzung laut zu lesen.

Wo Zweifel über den grammatischen Bau der Perioden, über Zuordnungen etc. möglich waren, wurde das Hegelsche Original wiedergegeben — Zweideutigkeit des Originals also nicht zu (interpretierender) Eindeutigkeit verkürzt.

Texte in [ ] sind Hinzufügungen der Herausgeber.

Hegel zitiert, wie zu seiner Zeit üblich, recht frei. Dabei hebt er oft anders hervor als die zitierten Autoren und gebraucht abweichende Textauszeichnungen in Zitaten gelegentlich in ironischer Absicht. — Die Textauszeichnungen Hegels (S p e r r u n g und serifenlose Schrift) wurden übernommen; von Hegel zitierte Titel erscheinen kursiv, Autorennamen recte (z.B. Kant, *Kritik der reinen Vernunft*).

Die Seitenangaben auf dem Innenrand des lebenden Kolumnentitels verweisen auf die Seitenzahlen der historisch-kritischen Ausgabe, wobei der Beginn einer neuen Seite durch Schrägstrich markiert wurde. Die Kustoden am inneren Rand — die gegebenenfalls den Zeilenzähler verdrängen — verweisen auf Herausgeber-Anmerkungen; soweit sich diese Anmerkungen auf größere Textstücke beziehen, steht der Kustos jeweils bei der letzten Zeile der angemerkten Stelle.

Für die Anmerkungen der Herausgeber wurden die Anmerkungen der historisch-kritischen Ausgabe übernommen und gegebenenfalls ergänzt; fremdsprachliche Zitate, Termini und Ausdrücke Hegels wurden übersetzt (letztere allerdings nur, insofern sie nicht im Duden zu finden sind).

Herbst 1984　　　　　　　　　　　　　　Hans Brockard
　　　　　　　　　　　　　　　　　　　　Hartmut Buchner

LITERATURHINWEISE

I. AUSGABEN

Kritisches Journal der Philosophie herausgegeben von Fr. Wilh. Joseph Schelling und Ge. Wilhelm Fr. Hegel. Zweyten Bandes erstes Stück. Tübingen (Cotta) 1802. 188 S. — Ein reprographischer Nachdruck der Originalausgabe des Kritischen Journals der Philosophie mit einem Anhang herausgegeben von H. Buchner erschien 1967 bei Olms in Hildesheim.

Friedrich Wilhelm Joseph Schelling — Georg Wilhelm Friedrich Hegel: Kritisches Journal der Philosophie 1802–03. Hrsg. mit Nachwort, Anmerkungen und Personenregister von Steffen Dietzsch. 2 in 1 Bd. Leipzig (Reclam) 1981. S. 210–330. Zur Textgestaltung dieser Ausgabe s. dort S. 459.

G. W. F. Hegel's Werke. Vollständige Ausgabe durch einen Verein von Freunden des Verewigten. Bd. 1: G. W. F. Hegel's philosophische Abhandlungen. Hrsg. von Karl Ludwig Michelet. Berlin 1832. S. 1–154.

G. W. F. Hegel. Sämtliche Werke. Jubiläumsausgabe hrsg. von Hermann Glockner. Bd. 1: Aufsätze aus dem Kritischen Journal der Philosophie und andere Schriften aus der Jenenser Zeit. Stuttgart [1]1927, [3]1958. S. 277–433.

G. W. F. Hegel. Erste Druckschriften (= G. W. F. Hegel, Sämtliche Werke Bd. 1 = Philos. Bibliothek Bd. 62). Nach dem ursprünglichen Text hrsg. von Georg Lasson. Leipzig 1928. S. 221–346. — Daraus Einzelausgabe von „Glauben und Wissen" als Philos. Bibliothek Bd. 62b. Hamburg 1962 u.ö. 128 S.

G. W. F. Hegel. Gesammelte Werke. Hrsg. im Auftrag der Deutschen Forschungsgemeinschaft. Bd. 4: Jenaer Kritische Schriften. Hrsg. von H. Buchner und Otto Pöggeler. Hamburg 1968. S. 315–414 und Anhang S. 531, 538ff, 610–615.

G. W. F. Hegel. Theorie-Werkausgabe. Hrsg. von Eva Moldenhauer und Karl Markus Michel. Bd. 2: Jenaer Schriften (1801–1807). Frankfurt a.M. 1970. S. 287–433.

G. W. F. Hegel. Jenaer Schriften. Hrsg. von Gerd Irrlitz. Berlin (DDR) 1972. S. 125–261.

G. W. F. Hegel. Premières publications. Différence des Systèmes philosophiques des Fichte et Schelling. Foi et Savoir. Übersetzt, eingeleitet und erläutert von Marcel Méry. Paris ¹1952, Gap ²1964.

II. WEITERFÜHRENDE LITERATUR

Alvarez-Gómez, Mariano: Hegel: Muerte de Dios y liberación del hombre. Critica de las filosofias de la sujetividad (Kant, Jacobi, Fichte). In: Miscelanea M. Cuervo Lopez. Salamanca 1970. S. 501—554.

Baum, Manfred u. Meist, Kurt: Durch Philosophie leben lernen. Hegels Konzeption der Philosophie nach den neu aufgefundenen Jenaer Manuskripten. In: Hegel-Studien. Bd. 12. Bonn 1977. S. 43—81.

Behler, Ernst: Die Geschichte des Bewußtseins. Zur Vorgeschichte eines Hegelschen Themas. In: Hegel-Studien. Bd. 7. Bonn 1972. S. 169—216.

Bonsiepen, Wolfgang: Der Begriff der Negativität in den Jenaer Schriften Hegels. Hegel-Studien. Beiheft 16. Bonn 1977.

Brüggen, Michael: La critique de Jacobi par Hegel dans „Foi et Savoir". In: Archives de Philosophie. Jg. 30. Paris 1967. S. 187—198.

Buchner, Hartmut: Hegel und das Kritische Journal der Philosophie. In: Hegel-Studien. Bd. 3. Bonn 1965. S. 95—156.

Chiereghin, Franco: Dialettica dell'assoluto e ontologia della soggettività in Hegel. Dall'ideale giovanile alla Fenomenologia dello spirito. Trient 1980 (=Pubblicazioni di Verifiche Bd. 6)

Christensen, Darrel E. (Hrsg.): Hegel and the Philosophy of Religion. The Wofford Symposion. Den Haag 1970.

Dilthey, Wilhelm: Die Jugendgeschichte Hegels und andere Abhandlungen zur Geschichte des deutschen Idealismus (= Gesammelte Werke Bd. IV). Leipzig-Berlin 1921 u.ö.

—: Fragmente aus Wilhelm Diltheys Hegelwerk. Mitgeteilt von Herman Nohl. In: Hegel-Studien. Bd. 1. Bonn 1961. S. 103—134.

Düsing, Edith: Hegels spekulative Deutung des Christentums. In: Bibel und Gemeinde. 78/1978. S. 418—439.

Düsing, Klaus: Über das Verhältnis Hegels zu Fichte (L. Siep). In: Philosophische Rundschau. Jg. 20. Tübingen 1974. S. 50—63.

—: Das Problem der Subjektivität in Hegels Logik. Hegel-Studien. Beiheft 15. Bonn 1976. — Vgl. dazu die Rezension von H. Fink-Eitel in Hegel-Studien. Bd. 15. Bonn 1980. S. 299—309.

—: Hegel in Jena. Eine Übersicht über die Lage der Forschung. In: Zeitschrift f. philosophische Forschung. Bd. 32. Meisenheim/ Glan 1978. S. 405—416.

Erdmann, Johann Eduard: Versuch einer wissenschaftlichen Darstellung der Geschichte der neueren Philosophie. 3. Abtlg. Bd. 1—3: Die Entwicklung der deutschen Spekulation seit Kant. Riga und Leipzig 1834—1853. Erweiterter Neudruck hrsg. v. Hermann Glockner. Stuttgart 1931 und, mit Gesamtregister, ebd. 1978 ff.

Fackenheim, Emil L.: The Religious Dimension in Hegel's Thought. Bloomington/London 1967.

Fischer, Kuno: Hegels Leben, Werke und Lehre. 2 Bände. Nachdruck der 2. Aufl. Darmstadt 1963 (Wissenschaftl. Buchgesellschaft).

Frey, Christopher: Reflexion und Zeit. Ein Beitrag zum Selbstverständnis der Theologie in der Auseinandersetzung vor allem mit Hegel. Gütersloh 1973. — Vgl. dazu die Rezension von M. Welker in Hegel-Studien. Bd. 15. Bonn 1980. S. 284—288.

Fuhrmans, Horst: Der große Zeitschriftenplan. In: F. W. J. Schelling, Briefe und Dokumente. Bd. 1. Hrsg. von H. Fuhrmans. Bonn 1962. S. 201—208.

Fujita, Masakatsu: Philosophie und Religion beim jungen Hegel. Unter besonderer Berücksichtigung seiner Auseinandersetzung mit Schelling. Hegel-Studien. Beiheft 26. Bonn 1984

Glockner, Hermann: Hegel-Lexikon. Zweite, verbesserte Aufl. Stuttgart 1957 (= Jubiläumsausgabe Bde 23—26).

—: Hegel. Bd. 2: Entwicklung und Schicksal der Hegelschen Philosophie. Zweite, verbesserte Aufl. Stuttgart 1958 (= Jubiläumsausgabe Bd. 22).

Görland, Ingtraud: Die Kantkritik des jungen Hegel. Frankfurt a.M. 1966 (=Philosophische Abhandlungen Bd. 28). — Vgl. dazu die Rezension von K. Düsing in: Hegel-Studien. Bd. 5. Bonn 1969. S. 298—307.

Graf, Friedrich Wilhelm und Wagner, Falk (Hrsg.): Die Flucht in den Begriff. Materialien zu Hegels Religionsphilosophie. (Deutscher Idealismus Bd. 6). Stuttgart 1982.

Haering, Theodor: Hegel. Sein Wollen und sein Werk. Eine chronologische Entwicklungsgeschichte der Gedanken und der Sprache Hegels. Bd. 1 und 2. Leipzig-Berlin 1929 und 1938. Nachdruck Aalen (Scientia) 1963.

Harris, Errol E.: Foi et raison dans la pensée du jeune Hegel. In: Religion et politique dans les années de formation de Hegel. Lausanne 1982. S. 80—101.

Harris, Henry S.: Hegel's Development. Bd. 1: Toward the Sunlight. 1770–1801. Oxford 1972. Bd. 2: Night Thoughts. Jena 1801–1807. Oxford 1983.

Harris, Henry S.: „And the darkness comprehended it not." (The origin and significance of Hegel's concept of Absolute Spirit). In: Religion et politique dans les années de formation de Hegel. Lausanne 1982. S. 117–147.

Haym, Rudolph: Hegel und seine Zeit. 2., um unbekannte Dokumente vermehrte Aufl. Hrsg. von H. Rosenberg. Leipzig 1927. (Ein Nachdruck der 1. Aufl. von 1857 erschien 1962 in der Wissenschaftlichen Buchgesellschaft Darmstadt).

Briefe von und an Hegel. Bd. 1. Hrsg. von Johannes Hoffmeister. 2. Aufl. Hamburg 1961 (Philos. Bibliothek Bd. 235) u.ö. − Bd. IV, Teile 1 u. 2. 3., völlig neu bearb. Auflage, hrsg. von Friedhelm Nicolin. Hamburg 1977 u. 1981 (Philos. Bibliothek Bde 238a und 238b).

Dokumente zu Hegels Entwicklung. Hrsg. von Johannes Hoffmeister. Stuttgart 1936 u.ö.

Helferich, Christoph: G. W. Fr. Hegel. Stuttgart 1979 (=Sammlung Metzler Bd. 182).

Henrich, Dieter: Die „wahrhafte Schildkröte". Zu einer Metapher in Hegels Schrift „Glauben und Wissen". In: Hegel-Studien. Bd. 2. Bonn 1963. S. 281–291.

Henrich, Dieter und Düsing, Klaus (Hrsg.): Hegel in Jena. Die Entwicklung des Systems und die Zusammenarbeit mit Schelling. Hegel-Tage Zwettel 1977. Hegel-Studien. Beiheft 20. Bonn 1980. Mit Beiträgen vom M. Baum, K. Düsing, J. D'Hondt, H. S. Harris, D. Henrich, R.-P. Horstmann, H. Kimmerle, L. Lugarini, K. R. Meist, O. Pöggeler, L. Siep, X. Tilliette, F. Unger, J.-L. Vieillard, W. Ch. Zimmerli.

Hirschlehner, Stefan: Modi der Parusie des Absoluten. Bestimmungen einer Hermeneutik der Theologie G. W. F. Hegels. Bern 1984 (Regensburger Studien zur Theologie Bd. 28).

Homann, Karl: F. H. Jacobis Philosophie der Freiheit. Freiburg-München 1973 (= Symposion Bd. 43).

Horstmann, Rolf-Peter: Hegels vorphänomenologische Entwürfe zu einer Philosophie der Subjektivität in Beziehung auf die Kritik an den Prinzipien der Reflexionsphilosophie. Phil. Diss. Heidelberg 1968. − Vgl. dazu die Rezension von H. Kimmerle in: Hegel-Studien. Bd. 5. Bonn 1969. S. 307–309.

Horstmann, Rolf-Peter (Hrsg.): Seminar: Dialektik in der Philosophie Hegels. Frankfurt a.M. 1978 (stw Bd. 234). Mit Beiträgen von R. Bubner, L. Colletti, K. Cramer, L. Erdei, H. F. Fulda, M. Gueroult, P. Guyer, D. Henrich, R-P. Horstmann, B. Lypp, Ch. S. Peirce/W. T. Harris, P. Ruben, M. Theunissen, W. Wieland.

Jacobi, Friedrich Heinrich: [Stellungnahme zu Hegels Aufsatz „Glauben und Wissen"]. In: Schellings Lehre oder das Ganze der Philosophie des absoluten Nichts, dargestellt von Friedrich Köppen. Nebst drey Briefen verwandten Inhalts von Friedr. Heinr. Jacobi. Hamburg 1803.

Jaeschke, Walter: Die Religionsphilosophie Hegels. Darmstadt 1983 (= Erträge der Forschung Bd. 201).

Kimmerle, Heinz: Dokumente zu Hegels Jenaer Dozententätigkeit (1801–1807). In: Hegel-Studien. Bd. 4. Bonn 1967. S. 21–99.

—: Zur Chronologie von Hegels Jenaer Schriften. In: Hegel-Studien. Bd. 4. Bonn 1967. S. 125–176.

—: Das Problem der Abgeschlossenheit des Denkens. Hegels „System der Philosophie" in den Jahren 1800–1804. Hegel-Studien. Beiheft 8. Bonn 1970.

Kirscher, Gilbert: Hegel et la Philosophie de F. H. Jacobi. Hegel-Studien. Beiheft 4 (= Hegel-Tage Urbino 1965). Bonn 1969. S. 181–191.

—: Hegel et Jacobi critiques de Kant. In: Archives de Philosophie. Jg. 33. Paris 1970. S. 801–828.

Königson, Marie-Jeanne: La notion de „Glauben" dans l'article „Foi et Savoir" de Hegel. In: Revue de Métaphysique et de Morale. Jg. 81. Paris 1967. S. 209–220.

Krings, Hermann: Die Entfremdung zwischen Schelling und Hegel (1801–1807). Sitzungsber. der Bayer. Akademie der Wissenschaften. Philos.-histor. Klasse. Jg. 1976, Heft 6. München 1977.

Kroner, Richard: Von Kant bis Hegel. Bd. 2: Von der Naturphilosophie zur Philosophie des Geistes. 2. Aufl. Tübingen 1961.

Küng, Hans: Menschwerdung Gottes. Eine Einführung in Hegels theologisches Denken als Prolegomena zu einer künftigen Christologie. Freiburg i. Br. 1970.

Lemaigre, B.-M. O. P.: Infinité et Existence dans la Métaphysique d'Iéna. In: Hegel-Studien. Beiheft 4 (=Hegel-Tage Urbino 1965). Bonn 1969. S. 57–64.

Leonard, A.: La Foi chez Hegel. Paris 1970.

Liebrucks, Bruno: Sprache und Bewußtsein. Bd. 3: Wege zum Bewußtsein. Sprache und Dialektik in den ihnen von Kant und Marx versagten, von Hegel eröffneten Räumen. Frankfurt a.M. 1966.

Link, Christian: Hegels Wort „Gott selbst ist tot". Zürich 1974 (= Theologische Studien Bd. 114).

Löwith, Karl: Hegels Aufhebung der christlichen Religion. In: Hegel-Studien. Beiheft 1 (= Heidelberger Hegel-Tage 1962). Bonn 1964. S. 192—236. — Vgl. auch Carl G. Schweitzer.

Lugarini, Leo: Hegel e l'esperienza dall' anima bella. In: Giornale di Metafisica. NF 2. Genua 1980. S. 37—68.

Maluschke, Günther: Kritik und absolute Methode in Hegels Dialektik. Hegel-Studien. Beiheft 13. Bonn 1974.

Meist, Kurt: siehe unter M. Baum.

Merker, Nicolao: La origine della logica hegeliana. Milano 1961.

Méry, Marcel: siehe oben unter I. Ausgaben.

Michelet, Karl Ludwig: Einleitung in Hegels philosophische Abhandlungen. In: Freundesausgabe Bd. 1. Berlin 1832. S. I—LI. (auch als Einzeldruck erschienen ebda.)

Moltmann, Jürgen: Der gekreuzigte Gott. Das Kreuz Christi als Grundlage und Kritik christlicher Theologie. München ²1973. Bes. S. 220f.

Müller, Gustav Emil: Hegel und die Krise des Christentums. In: Studia Philosophica. Bd. 32. Basel 1972. S. 162—185.

Pöggeler, Otto: Hegels Jenaer Systemkonzeption. In: Philosophisches Jahrbuch der Görres-Gesellschaft. Jg. 71. Freiburg i.Br.-München 1964. S. 286—305. Wiederabgedruckt in: O. Pöggeler: Hegels Idee eine Phänomenologie des Geistes. Freiburg i.Br.-München 1973. S. 110—170.

—: Hegel und die Anfänge der Nihilismus-Diskussion. In: Man and World. Jg. 3. Heft 3—4. West Lafayette (Indiana) 1970. S. 163—199. Wiederabgedruckt in: Der Nihilismus als Phänomen der Geistesgeschichte in der wissenschaftlichen Diskussion unseres Jahrhunderts. Hrsg. von Dieter Arendt. Darmstadt 1974 (=Wege der Forschung Bd. 340). S. 307—349.

Pöggeler, Otto (Hrsg.): Hegel. Einführung in seine Philosophie. Freiburg i.Br.-München 1977 (= Alber Kolleg Philosophie). Mit Beiträgen von M. Baum, W. Bonsiepen, K. Düsing, A. Gethmann-Siefert, F. Hogemann, R. P. Horstmann, W. Jaeschke, H. Kimmerle, K. R. Meist, Fr. Nicolin, O. Pöggeler u. H. Schneider.

Ralfs, Günther: ,,Glauben und Wissen". Eine Interpretation von Hegels Journal-Aufsatz aus dem Jahre 1802. In ders.: Lebensformen des Geistes. Vorträge und Abhandlungen. Hrsg. von H. Glockner. Köln 1964 (= Kantstudien Ergänzungshefte Bd. 86). S. 214—258.

Riedel, Manfred: Wissen, Glauben und moderne Wissenschaft im Denken Hegels. In: Zeitschrift f. Theologie und Kirche. Jg. 66. Heft 2. Tübingen 1969. S. 171—191.

Rohrmoser, Günther: Subjektivität und Verdinglichung. Theologie

und Gesellschaft im Denken des jungen Hegel. Gütersloh 1961.
—: Das Atheismusproblem bei Hegel und Nietzsche. In: Der evangelische Erzieher. Jg. 18. Frankfurt a.M. 1966. S. 345—353.
—: Atheismus und Dialektik bei Hegel. In: Studium Generale. Jg. 21. Berlin-Heidelberg-New York 1968. S. 916—933.
Rosenkranz, Karl: Georg Wilhelm Friedrich Hegels Leben. Berlin 1844. Paperback-Nachdruck mit Nachbemerkungen von O. Pöggeler. Darmstadt (Wissenschaftl. Buchgesellschaft) 1977.
Schneider, Helmut: Anfänge der Systementwicklung Hegels in Jena. In: Hegel-Studien. Bd. 10. Bonn 1975. S. 133—171.
Schütte, Hans Walter: Tod Gottes und Fülle der Zeit. Hegels Deutung des Christentums. In: Zeitschrift f. Theologie und Kirche. Jg. 66. Heft 1. Tübingen 1969. S. 62—76.
Schwarz, Justus: Hegels philosophische Entwicklung. Frankfurt a.M. 1938.
Schweitzer, Carl. G.: Zur Methode der Hegel-Interpretation. Eine Entgegnung auf Karl Löwiths „Hegels Aufhebung der christlichen Religion". In: Neue Zeitschrift f. Systematische Theologie und Religionsphilosophie. Jg. 5. Berlin 1963. S. 248—262.
Siep, Ludwig: Hegels Fichtekritik und die Wissenschaftslehre von 1804. Freiburg i.Br.-München 1970 (= Symposion Bd. 33). — Vgl. dazu K. Düsing und W. Zimmerli.
Taminiaux, Jacques: Finitude et Absolu. Remarques sur Hegel et Heidegger interprètes de Kant. In: Revue philosophique de Louvain. Jg. 69. Louvain 1971. S. 190—215.
Ueltzen, Hans-Dieter: „Gott selbst ist tot". Historische Bemerkungen zur Entstehung des Liedes und der Rede vom Tode Gottes. In: Evangelische Theologie. Jg. 36. München 1976. S. 563—567.
Verra, Valerio (Hrsg.): Hegel interprete di Kant. Neapel 1981. Mit Beiträgen von R. Bodei, C. Cesa, L. Lugarini, G. Marini, V. Mathieu, L. Sichirollo, V. Verra.
Wacker, Herbert: Das Verhältnis des jungen Hegel zu Kant. Berlin 1932 (= Episteme. Arbeiten zur Philosophie und zu ihren Grenzgebieten. Bd. 2).
Wagner, Falk: Hegels Satz „Gott ist tot". Bemerkungen zu D. Sölles Hegelinterpretation. In: Die neue Furche. Nr. 38. Hamburg 1967. S. 77—95.
Wohlfahrt, Günter: Die absolute Idee als begreifendes Anschauen. Bemerkungen zu Hegels Begriff der absoluten Idee. In: Perspektiven der Philosophie. Bd. 7. Amsterdam 1981. S. 317—338.
Zimmerli, Walther: Fichte contra Hegel. Umwertungsversuche in der Philosophiegeschichte. Zu L. Siep: Hegels Fichtekritik und die

Wissenschaftslehre von 1804. In: Zeitschrift f. philosophische Forschung. Jg. 1973/4. Meisenheim/Glan 1973. S. 600–606.
Züfle, Manfred: Prosa der Welt. Die Sprache Hegels. Einsiedeln o.J. (1968).

Über die weiter erscheinende Literatur geben die laufenden Rezensionen und Literaturberichte sowie Bibliographien in den periodisch erscheinenden *Hegel-Studien* (Bonn, hrsg. von F. Nicolin und O. Pöggeler) Auskunft.

Kritisches
Journal der Philosophie

herausgegeben

von

Fr. Wilh. Joseph Schelling

und

Ge. Wilhelm Fr. Hegel.

Zweyten Bandes erstes Stück.

Glauben und Wissen

oder die

Reflexionsphilosophie der Subjectivität,

in der Vollständigkeit ihrer Formen,

als

Kantische, Jacobische, und Fichtesche Philosophie.

GLAUBEN UND WISSEN
ODER DIE REFLEXIONSPHILOSOPHIE DER SUBJEKTIVITÄT, IN DER VOLLSTÄNDIGKEIT IHRER FORMEN, ALS KANTISCHE, JACOBISCHE UND FICHTESCHE PHILOSOPHIE.

[EINLEITUNG]

Über den alten Gegensatz der Vernunft und des Glaubens, von Philosophie und positiver Religion hat die Kultur die letzte Zeit so erhoben, daß diese Entgegensetzung von Glauben und Wissen einen ganz andern Sinn gewonnen hat und nun innerhalb der Philosophie selbst verlegt worden ist. Daß die Vernunft eine Magd des Glaubens sei, wie man sich in ältern Zeiten ausdrückte, und wogegen die Philosophie unüberwindlich ihre absolute Autonomie behauptete, diese Vorstellungen oder Ausdrücke sind verschwunden, und die Vernunft, wenn es anders Vernunft ist, was sich diesen Namen gibt, hat sich in der positiven Religion so geltend gemacht, daß selbst ein Streit der Philosophie gegen Positives, Wunder und dergleichen für etwas Abgetanes und Obskures gehalten wird, und daß Kant mit seinem Versuche, die positive Form der Religion mit einer Bedeutung aus seiner Philosophie zu beleben, nicht deswegen kein Glück machte, weil der eigentümliche Sinn jener Formen dadurch verändert würde, sondern weil dieselben auch dieser Ehre nicht mehr wert schienen. Es ist aber die Frage, ob die Siegerin Vernunft nicht eben das Schicksal erfuhr, welches die siegende Stärke barbarischer Nationen gegen die unterliegende Schwäche gebildeter zu haben pflegt, der äußern Herrschaft nach die Oberhand zu behalten, dem Geiste nach aber dem Überwundnen zu erliegen. Der glorreiche Sieg, welchen die aufklärende Vernunft über das, was sie nach dem geringen Maße ihres religiösen Begreifens als Glauben sich entgegengesetzt betrachtete, davon getragen hat, ist, beim Lichte besehen, kein anderer, als daß weder das Positive, mit dem sie sich zu kämpfen machte, Religion, noch daß sie, die gesiegt hat, Vernunft blieb, und die

Geburt, welche auf diesen Leichnamen triumphierend, als das gemeinschaftliche beide vereinigende Kind des Friedens schwebt, eben so wenig von Vernunft als echtem Glauben an sich hat. Die Vernunft, welche dadurch an und für sich schon heruntergekommen war, daß sie die Religion nur als etwas Positives, nicht idealistisch auffaßte, hat nichts besseres tun können, als nach dem Kampfe nunmehr auf sich zu sehen, zu ihrer Selbstkenntnis zu gelangen, und ihr Nichtssein dadurch anzuerkennen, daß sie das Bessere, als sie ist, da sie nur Verstand ist, als ein **Jenseits in einem Glauben außer und über sich setzt**, wie in den **Philosophien Kants,** / **Jacobis und Fichtes** geschehen ist, und daß sie sich wieder zur Magd eines Glaubens macht. Nach **Kant** ist Übersinnliches unfähig, von der Vernunft erkannt zu werden, die höchste Idee hat nicht zugleich Realität; nach **Jacobi** schämt sich die Vernunft zu betteln, und zu graben hat sie weder Hände noch Füße, dem Menschen ist nur das Gefühl und Bewußtsein seiner Unwissenheit des Wahren, nur Ahndung des Wahren in der Vernunft, die nur etwas allgemein Subjektives, und Instinkt ist, gegeben. Nach **Fichte** ist Gott etwas Unbegreifliches und Undenkbares, das Wissen weiß nichts, als daß es Nichts weiß, und muß sich zum Glauben flüchten. Nach allen kann das Absolute, nach der alten Distinktion, nicht gegen, so wenig als für die Vernunft sein, sondern es ist über die Vernunft. — Das negative Verfahren der Aufklärung, dessen positive Seite in seinem eiteln Getue ohne Kern war, hat sich dadurch einen verschafft, daß es seine Negativität selbst auffaßte, und sich teils von der Schalheit durch die Reinheit und Unendlichkeit des Negativen befreite, teils aber eben darum für positives Wissen wieder eben so nur Endliches und Empirisches, das Ewige aber nur jenseits haben kann; so daß dieses für das Erkennen leer ist, und dieser unendliche leere Raum des Wissens nur mit der Subjektivität des Sehnens und Ahndens erfüllt werden kann; und was sonst für den Tod der Philosophie galt, daß die Vernunft auf ihr Sein im Absoluten Verzicht tun sollte, sich schlechthin daraus ausschlösse und nur negativ dagegen verhielte, wurde nunmehr der höchste Punkt der Philosophie, und das Nichtsein der Aufklärung ist durch das Bewußtwerden über dasselbe zum System geworden.

Unvollkommene Philosophien gehören überhaupt dadurch, daß sie unvollkommen sind, unmittelbar einer empirischen Notwendigkeit an, und deswegen aus und an derselben läßt sich die Seite ihrer Unvollkommenheit begreifen; das Empirische, was in der Welt als gemeine Wirklichkeit daliegt, ist in Philosophien desselben in Form des Begriffs als Eins mit dem Bewußtsein und darum gerechtfertigt vorhanden. Das gemeinschaftliche subjektive Prinzip der obengenannten Philosophien ist teils nicht etwa eine eingeschränkte Form des Geistes einer kleinen Zeitperiode, oder einer geringen Menge, teils hat die mächtige Geistesform, welche ihr Prinzip ist, ohne Zweifel in ihnen die Vollkommenheit seines Bewußtseins und seiner philosophischen Bildung, und dem Erkenntnisse vollendet ausgesprochen zu werden, erlangt.

Die große Form des Weltgeistes aber, welche sich in jenen Philosophien erkannt hat, ist das Prinzip des Nordens, und es religiös angesehen, des Protestantismus, die Subjektivität, in welcher Schönheit und Wahrheit, in Gefühlen und Gesinnungen, in Liebe und Verstand sich darstellt; die Religion baut im Herzen des Individuums ihre Tempel und Altäre, und Seufzer und Gebete suchen den Gott, dessen Anschauung / es sich versagt, weil die Gefahr des Verstandes vorhanden ist, welcher das Angeschaute als Ding, den Hain als Hölzer erkennen würde. Zwar muß auch das Innere äußerlich werden, die Absicht in der Handlung Wirklichkeit erlangen, die unmittelbare religiöse Empfindung sich in äußerer Bewegung ausdrücken, und der die Objektivität der Erkenntnis fliehende Glauben sich in Gedanken, Begriffen und Worten objektiv werden; aber das Objektive scheidet der Verstand genau von dem Subjektiven, und es wird dasjenige, was keinen Wert hat, und Nichts ist; so wie der Kampf der subjektiven Schönheit gerade dahin gehen muß, sich gegen die Notwendigkeit gehörig zu verwahren, nach welcher das Subjektive objektiv wird; und welche Schönheit in diesem reell werden, der Objektivität zufallen, und wo das Bewußtsein auf die Darstellung und die

Objektivität selbst sich richten, die Erscheinung bilden, oder in ihr sich gebildet bewegen wollte, das müßte ganz wegfallen, denn es würde ein gefährlicher Überfluß und weil es vom Verstande zu einem Etwas gemacht werden könnte, ein Übel, so wie das schöne Gefühl, das in schmerzlose Anschauung überginge, ein Aberglaube sein.

Diese Macht, welche dem Verstand durch die subjektive Schönheit gegeben wird, und ihrer Sehnsucht, die über das Endliche hinwegfliegt und für die es Nichts ist, zuerst zu widersprechen scheint, ist eine eben so notwendige Seite, als ihr Bestreben gegen ihn; und sie wird sich in der Darstellung der Philosophien dieser Subjektivität weiter ergeben. Es ist gerade durch ihre Flucht vor dem Endlichen, und das Festsein der Subjektivität, wodurch ihr das Schöne zu Dingen überhaupt, der Hain zu Hölzern, die Bilder zu Dingen, welche Augen haben und nicht sehen, Ohren und nicht hören, und wenn die Ideale nicht in der völlig verständigen Realität genommen werden können als Klötze und Steine, zu Erdichtungen werden, und jede Beziehung auf sie als wesenloses Spiel oder als Abhängigkeit von Objekten und als Aberglauben erscheint.

Aber neben diesem allenthalben in der Wahrheit des Seins nur Endlichkeit erblickenden Verstande hat die Religion als Empfindung, die ewig sehnsuchtsvolle Liebe ihre erhabene Seite darin, daß sie an keiner vergänglichen Anschauung noch Genusse hängen bleibt, sondern nach ewiger Schönheit und Seligkeit sich sehnt; sie ist als Sehnen etwas Subjektives, aber was sie sucht, und ihr nicht im Schauen gegeben ist, ist das Absolute und Ewige; wenn aber das Sehnen seinen Gegenstand fände, so würde die zeitliche Schönheit eines Subjekts als eines Einzelnen, seine Glückseligkeit, die Vollkommenheit eines der Welt angehörigen Wesens sein, aber soweit als sie wirklich sie vereinzelte, so weit würde sie nichts Schönes sein; aber als der reine Leib der innern Schönheit hört das empirische Dasein selbst auf, ein Zeitliches und etwas Eigenes zu sein. Die Absicht bleibt unbefleckt von ihrer Objektivität als Handlung, und die Tat so wie der Genuß wird sich nicht durch den Verstand zu einem Etwas gegen die wahre Identität des Innern und Äußern erheben; die höchste Erkenntnis / würde die sein, welches dieser Leib seie, in dem das Individuum nicht ein Einzelnes wäre, und das Sehnen zur vollkommenen Anschauung und zum seligen Genusse gelangte.

Nachdem die Zeit gekommen war, hatte die unendliche Sehnsucht über den Leib und die Welt hinaus sich mit dem Dasein sich versöhnt, aber so, daß die Realität, mit welcher die Versöhnung geschah, das Objektive, welches von der Subjektivität anerkannt wurde, wirklich nur empirisches Dasein, gemeine Welt und Wirklichkeit war, und also diese Versöhnung selbst nicht den Charakter der absoluten Entgegensetzung, der im schönen Sehnen liegt, verlor, sondern daß sie sich nun auf den andern Teil des Gegensatzes, auf die empirische Welt warf; und wenn um ihrer absoluten blinden Natur-Notwendigkeit willen sie schon ihrer selbst im innerlichen Grunde sicher und fest war, bedurfte sie doch einer objektiven Form für diesen Grund, und die bewußtlose Gewißheit des Versenkens in die Realität des empirischen Daseins muß nach eben der Notwendigkeit der Natur zugleich sich zur Rechtfertigung und einem guten Gewissen zu verhelfen suchen; diese Versöhnung fürs Bewußtsein machte sich in der Glückseligkeitslehre; so daß der fixe Punkt, von welchem ausgegangen wird, das empirische Subjekt, und das, womit es versöhnt wird, eben so die gemeine Wirklichkeit ist, zu der es Zutrauen fassen, und sich ihr ohne Sünde ergeben dürfe. Die tiefe Rohheit und völlige Gemeinheit, als der innere Grund dieser Glückseligkeitslehre, hat darin allein seine Erhebung, daß er nach einer Rechtfertigung und einem guten Bewußtsein strebt, welches, da es, weil das Empirische absolut, der Vernunft durch die Idee nicht möglich ist, allein die Objektivität des Verstandes, den Begriff erreichen kann, welcher Begriff sich als sogenannte reine Vernunft in seiner höchsten Abstraktion dargestellt hat.

Der Dogmatismus der Aufklärerei und des Eudämonismus bestand also nicht darin, daß er Glückseligkeit und Genuß zum Höchsten machte: denn wenn Glückseligkeit als Idee begriffen wird, hört sie auf, etwas Empirisches und Zufälliges, so wie etwas Sinnliches zu sein; das vernünftige

Tun und der höchste Genuß sind Eins im höchsten Dasein; und das höchste Dasein von Seiten seiner Idealität, welche, wenn sie isoliert wird, erst vernünftiges Tun, oder von Seiten seiner Realität, welche, wenn sie isoliert wird, erst Genuß und Gefühl heißen kann, auffassen zu wollen, ist völlig gleichgültig, wenn die höchste Seligkeit höchste Idee ist, denn vernünftiges Tun und höchster Genuß, Idealität und Realität sind beide gleicherweise in ihr und identisch. Jede Philosophie stellt nichts dar, als daß sie höchste Seligkeit als Idee konstruiert; indem der höchste Genuß durch Vernunft erkannt wird, fällt die Unterscheidbarkeit beider unmittelbar hinweg, indem der Begriff und die Unendlichkeit, die im Tun, und die Realität und Endlichkeit, die im Genusse herrschend ist, ineinander aufgenommen werden. Die Polemik gegen die Glückseligkeit wird ein leeres Geschwätze heißen, wenn diese Glückseligkeit als der selige Genuß der ewigen Anschauung erkannt wird. Aber freilich hat dasjenige, was man Eudämonismus genannt, eine empirische Glückseligkeit, einen Genuß der Empfindung, nicht die ewige Anschauung und Seligkeit verstanden.

Dieser Absolutheit des empirischen und endlichen Wesens steht der Begriff, oder die Unendlichkeit so unmittelbar gegenüber, daß Eins durchs andere bedingt, und Eins mit dem andern, und weil das Eine in seinem für sich sein absolut ist, es auch das andere, und das Dritte, das wahrhafte Erste, das Ewige jenseits dieses Gegensatzes ist. Das Unendliche, der Begriff, als an sich leer, das Nichts, erhält seinen Inhalt durch dasjenige, worauf es in seiner Entgegensetzung bezogen ist, nämlich die empirische Glückseligkeit des Individuums; unter welche Einheit des Begriffs, dessen Inhalt die absolute Einzelheit ist, alles zu setzen, und alle und jede Gestalt der Schönheit und Ausdruck einer Idee, Weisheit und Tugend, Kunst und Wissenschaft für sie zu berechnen, das heißt, zu Etwas zu machen, was nicht an sich ist, denn das einzige Ansich ist der abstrakte Begriff dessen, was nicht Idee, sondern absolute Einzelnheit ist, Weisheit und Wissenschaft heißt.

Nach dem festen Prinzip dieses Systems der Bildung, daß das Endliche an und für sich und absolut und die ein-

zige Realität ist, steht also auf einer Seite das Endliche und
Einzelne selbst in der Form der Mannigfaltigkeit, und in
diese wird also alles Religiöse, Sittliche und Schöne geworfen, weil es fähig ist, vom Verstande als ein Einzelnes begriffen zu werden; auf der andern Seite eben diese absolute
Endlichkeit in der Form des Unendlichen, als Begriff der
Glückseligkeit; das Unendliche und Endliche, die nicht in
der Idee identisch gesetzt werden sollen, denn jedes ist absolut für sich, stehen auf diese Weise in der Beziehung des
Beherrschens gegeneinander, denn im absoluten Gegensatz
derselben ist der Begriff das Bestimmende. Aber über diesem absoluten Gegensatz und den relativen Identitäten des
Beherrschens, und der empirischen Begreiflichkeit steht
das Ewige; weil jener absolut ist, so ist diese Sphäre das
Nichtzuberechnende, Unbegreifliche, Leere; ein unerkennbarer Gott, der jenseits der Grenzpfähle der Vernunft liegt;
eine Sphäre, welche nichts ist für die Anschauung, denn die
Anschauung ist hier nur eine sinnliche und beschränkte;
eben so nichts für den Genuß, denn es gibt nur empirische
Glückseligkeit; nichts für das Erkennen, denn, was Vernunft heißt, ist nichts als Berechnen alles und eines jeden
für die Einzelheit, und das Setzen aller Idee unter die Endlichkeit.

Dieser Grundcharakter des Eudämonismus und der Aufklärung, welcher die schöne Subjektivität des Protestantismus in eine empirische, die Poesie seines Schmerzens, der
mit dem empirischen Dasein alle Versöhnung verschmäht,
in die Prosa der Befriedigung mit dieser Endlichkeit und
des guten Gewissens darüber, umgeschaffen hatte, welches
Verhältnis hat er in der Kantischen, Jacobischen und Fichteschen Philosophie erhalten? Diese Philosophien treten so
wenig aus demselben heraus, daß sie denselben vielmehr
nur aufs höchste vervollkommnet haben. Ihre / bewußte
Richtung geht unmittelbar gegen das Prinzip des Eudämonismus, aber dadurch, daß sie nichts als diese Richtung
sind, ist ihr positiver Charakter jenes Prinzip selbst; so daß
die Modifikation, welche diese Philosophien in den Eudämonismus bringen, nur seiner Bildung eine Vervollkommnung gibt, die an sich für die Vernunft und Philosophie,

für das Prinzip gleichgültig ist. Es bleibt in diesen Philosophien das Absolutsein des Endlichen und der empirischen Realität, und das absolute Entgegengesetztsein des Unendlichen und Endlichen, und das Idealische ist nur begriffen als der Begriff; es bleibt im besondern, wenn dieser Begriff positiv gesetzt ist, die zwischen ihnen mögliche relative Identität allein, die Beherrschung des als reell und endlich Erscheinenden, worunter zugleich alles Schöne und Sittliche gehört, durch den Begriff; wenn aber der Begriff als negativ gesetzt ist, so ist die Subjektivität des Individuums in empirischer Form vorhanden und das Beherrschen geschieht nicht durch den Verstand, sondern als eine natürliche Stärke und Schwäche der Subjektivitäten gegeneinander; es bleibt über dieser absoluten Endlichkeit und absoluten Unendlichkeit das Absolute als eine Leerheit der Vernunft, und der fixen Unbegreiflichkeit und des Glaubens, der, an sich vernunftlos, vernünftig darum heißt, weil jene auf ihre absolute Entgegensetzung eingeschränkte Vernunft ein Höheres über sich erkennt, aus dem sie sich ausschließt.

In der Form als Eudämonismus hatte das Prinzip einer absoluten Endlichkeit die Vollkommenheit der Abstraktion noch nicht erreicht, indem auf der Seite der Unendlichkeit der Begriff nicht rein gesetzt, sondern mit einem Inhalt erfüllt als Glückseligkeit steht. Dadurch, daß der Begriff nicht rein ist, ist er in positiver Gleichheit mit seinem Entgegengesetzten, denn dasjenige, was seinen Inhalt ausmacht, ist eben die Realität, hier in Begriffsform gesetzt, welche auf der andern Seite Mannigfaltigkeit ist, so daß keine Reflexion auf die Entgegensetzung vorhanden, oder die Entgegensetzung nicht objektiv, und nicht das Empirische als Negativität für den Begriff, der Begriff als Negativität für das Empirische, noch der Begriff als das an sich Negative gesetzt ist. In der Vollkommenheit der Abstraktion aber ist die Reflexion auf diese Entgegensetzung, oder die ideelle Entgegensetzung objektiv, und jedes gesetzt als ein Etwas, welches nicht ist, was das andere ist; die Einheit und das Mannigfaltige treten hier als Abstraktionen einander gegenüber, wodurch denn die Entgegengesetzten beide

Seiten der Positivität und der Negativität gegeneinander haben; so daß also das Empirische zugleich ein absolutes Etwas für den Begriff ist, und zugleich absolutes Nichts. Durch jene Seite sind sie der vorherige Empirismus, durch diese sind sie zugleich Idealismus und Skeptizismus; jenes nennen sie praktische, dies theoretische Philosophie; in jener hat für den Begriff, oder an und für sich selbst, das Empirische absolute Realität; in dieser ist das Wissen von demselben Nichts. /

Innerhalb dieses gemeinschaftlichen Grundprinzips, der Absolutheit der Endlichkeit und des daraus sich ergebenden absoluten Gegensatzes von Endlichkeit und Unendlichkeit, Realität und Idealität, Sinnlichem und Übersinnlichem, und des Jenseitsseins des wahrhaft Reellen und Absoluten bilden diese Philosophien wieder Gegensätze unter sich, und zwar die Totalität der für das Prinzip möglichen Formen. Die Kantische Philosophie stellt die objektive Seite dieser ganzen Sphäre auf; der absolute Begriff, schlechthin für sich seiend als praktische Vernunft, ist die höchste Objektivität im Endlichen, absolut als die Idealität an und für sich postuliert. Die Jacobische Philosophie ist die subjektive Seite, sie verlegt den Gegensatz und das absolut postulierte Identischsein in die Subjektivität des Gefühls, als einer unendlichen Sehnsucht und eines unheilbaren Schmerzens. Die Fichtesche Philosophie ist die Synthese beider; sie fordert die Form der Objektivität und der Grundsätze wie Kant; aber setzt den Widerstreit dieser reinen Objektivität gegen die Subjektivität zugleich als ein Sehnen und eine subjektive Identität. Bei Kant ist der unendliche Begriff an und für sich gesetzt, und das allein von der Philosophie Anerkannte; bei Jacobi erscheint das Unendliche von Subjektivität affiziert, als Instinkt, Trieb, Individualität; bei Fichte ist das von Subjektivität affizierte Unendliche selbst wieder als Sollen und Streben objektiv gemacht.

So diametral also diese Philosophien sich dem Eudämonismus selbst entgegensetzen, so wenig sind sie aus ihm herausgetreten; es ist ihre schlechthin einzig ausgesprochene Tendenz, und von ihnen angegebnes Prinzip, sich über das Subjektive und Empirische zu erheben, und der Vernunft ihr Absolutsein und ihre Unabhängigkeit von der gemeinen Wirklichkeit zu vindizieren. Aber weil diese Vernunft schlechthin nur diese Richtung gegen das Empirische hat, das Unendliche an sich nur in Beziehung auf das Endliche ist, so sind diese Philosophien, indem sie das Empirische bekämpfen, unmittelbar in seiner Sphäre geblieben, die Kantische und Fichtesche haben sich wohl zum Begriff, aber nicht zur Idee erhoben; und der reine Begriff ist absolute Idealität und Leerheit, der seinen Inhalt und seine Dimensionen schlechthin nur in Beziehung auf das Empirische, und damit durch dasselbe hat und eben den absoluten sittlichen und wissenschaftlichen Empirismus begründet, den sie dem Eudämonismus zum Vorwurf machen. Die Jacobische Philosophie hat diesen Umweg nicht, den Begriff von der empirischen Realität abzusondern, und dem Begriff alsdenn seinen Inhalt wieder von eben dieser empirischen Realität, außer welcher für den Begriff nichts ist, als seine Vernichtung, geben zu lassen, sondern sie, da ihr Prinzip Subjektivität unmittelbar ist, ist unmittelbarer Eudämonismus, nur mit dem Beischlag der Negativität, indem sie darauf reflektiert, daß das Denken, welches der Eudämonismus noch nicht als das Ideelle, das Negative für die Realität erkennt, Nichts an sich ist.

Wenn die frühern wissenschaftlichen Erscheinungen dieses Realismus der Endlichkeit (denn was die unwissenschaftlichen betrifft, so gehört alles Tun und Treiben / der neuern Kultur noch darein), der Lockeanismus und die Glückseligkeitslehre die Philosophie in empirische Psychologie verwandelt, und zum ersten und höchsten Standpunkt den Standpunkt eines Subjekts und die schlechthin seiende Endlichkeit erhoben, und was für eine fühlende und bewußte Subjektivität, oder für eine nur in Endlichkeit versenkte, und der Anschauung und Erkenntnis des Ewigen sich entschlagende Vernunft das Universum nach einer verständigen Berechnung ist, gefragt und geantwortet hatten, so sind die Vervollständigung und Idealisierung dieser empirischen Psychologie die drei genannten Philosophien, welche darin besteht, daß erkannt wird, dem Empirischen sei der unendliche Begriff schlechthin entgegengesetzt und die Sphäre dieses Gegensatzes, ein Endliches und ein Unendliches, sei absolut; wenn aber so Unendlichkeit der Endlichkeit entgegengesetzt ist, ist eins so endlich als das andere; und über derselben, jenseits des Begriffs und des Empirischen sei das Ewige, aber Erkenntnisvermögen und Vernunft seien schlechthin nur jene Sphäre. In einer solchen nur Endliches denkenden Vernunft findet sich freilich, daß sie nur Endliches denken, in der Vernunft als Trieb und Instinkt findet sich, daß sie das Ewige nicht denken kann. Der Idealismus, (der in der subjektiven Dimension, nämlich in der Jacobischen Philosophie, nur die Form eines Skeptizismus und auch nicht des wahren haben kann, weil hier das reine Denken nur als Subjektives gesetzt wird, dahingegen der Idealismus darin besteht, daß es das Objektive ist) – dessen diese Philosophien fähig sind, ist ein Idealismus des Endlichen nicht in dem Sinne, daß das Endliche in ihnen nichts wäre, sondern das Endliche ist in die ideelle Form aufgenommen, und endliche Idealität, d. h. reiner Begriff, eine der Endlichkeit absolut entgegengesetzte Unendlichkeit, mit dem realen Endlichen, beide gleicherweise absolut gesetzt.

Hiernach ist denn das an sich und einzige Gewisse, daß ein denkendes Subjekt, eine mit Endlichkeit affizierte Vernunft ist, und die ganze Philosophie besteht darin, das Universum für diese endliche Vernunft zu bestimmen; die sogenannte Kritik der Erkenntniskräfte bei Kant; das nicht Überfliegen des Bewußtseins und nicht Transzendentwerden bei Fichte, und, bei Jacobi, nichts für die Vernunft Unmögliches unternehmen heißt nichts anders als die Vernunft auf die Form der Endlichkeit absolut einschränken, und in allem vernünftigen Erkennen die Absolutheit des Subjekts nicht vergessen, und die Beschränktheit zum ewigen Gesetz und Sein sowohl an sich als für die Philosophie machen. Es ist also in diesen Philosophien nichts zu sehen, als die Erhebung der Reflexions-Kultur zu einem System; eine Kultur des gemeinen Menschenverstandes, der sich bis zum Denken eines Allgemeinen erhebt, den unendlichen Begriff aber, weil er gemeiner Verstand bleibt, für absolutes Denken nimmt, und sein sonstiges Anschauen des Ewigen und den unendlichen Begriff schlechthin / auseinander läßt, es sei entweder, daß er auf jenes Anschauen überhaupt Verzicht tut, und sich im Begriff und der Empirie hält, oder daß er beide hat, aber es nicht vereinigen, sein Anschauen nicht in den Begriff aufnehmen, noch Begriff und Empirie gleicherweise vernichten kann. Die Qual der bessern Natur unter dieser Beschränktheit oder absoluten Entgegensetzung drückt sich durch das Sehnen und Streben, das Bewußtsein, daß es Beschränktheit ist, über die sie nicht hinaus kann, als Glauben an ein Jenseits dieser Beschränktheit aus; aber als perennierendes Unvermögen zugleich die Unmöglichkeit, über die Schranke in das sich selbst klare und sehnsuchtslose Gebiet der Vernunft sich zu erheben.

Da der feste Standpunkt, den die allmächtige Zeit und ihre Kultur für die Philosophie fixiert haben, eine mit Sinnlichkeit affizierte Vernunft ist, so ist das, worauf solche Philosophie ausgehen kann, nicht, Gott zu erkennen, sondern, was man heißt, den Menschen; dieser Mensch und die Menschheit sind ihr absoluter Standpunkt; nämlich als eine fixe unüberwindliche Endlichkeit der Vernunft; nicht als Abglanz der ewigen Schönheit, als geistiger Fokus des Universums, sondern als eine absolute Sinnlichkeit, welche aber das Vermögen des Glaubens hat, sich noch mit einem ihr fremden Übersinnlichen an einer und anderer Stelle anzutünchen. Wie wenn die Kunst, aufs Porträtieren eingeschränkt, ihr Idealisches darin hätte, daß sie ins Auge eines gemeinen Gesichts noch eine Sehnsucht, in seinen Mund noch ein wehmütiges Lächeln brächte, aber ihr die über Sehnsucht und Wehmut erhabenen Götter schlechthin untersagt wäre darzustellen, als ob die Darstellung ewiger Bilder nur auf Kosten der Menschlichkeit möglich wäre, so soll die Philosophie nicht die Idee des Menschen, sondern das Abstraktum der mit Beschränktheit vermischten empirischen Menschheit darstellen, und den Pfahl des absoluten Gegensatzes unbeweglich in sich eingeschlagen tragen, und, indem sie sich ihre Eingeschränktheit auf das Sinnliche deutlich macht, sie mag dies ihr Abstraktum analysieren, oder auf die schöngeisterische und rührende Weise ganz lassen, sich zugleich mit der oberflächlichen Farbe eines Übersinnlichen schmücken, indem sie im Glauben auf ein Höheres verweist. Aber die Wahrheit kann durch ein solches Heiligen der Endlichkeit, die bestehen bleibt, nicht hintergangen werden, denn die wahre Heiligung müßte dasselbe vernichten; wenn der Künstler, der nicht der Wirklichkeit, dadurch, daß er die ätherische Beleuchtung auf sie fallen läßt, und sie ganz darein aufnimmt, die wahre Wahrheit zu geben, sondern nur die Wirklichkeit an und für sich, wie sie gewöhnlich Realität und Wahrheit heißt, ohne weder das eine noch das andere zu sein, darzustellen vermag, zu dem rührenden Mittel gegen die Wirklichkeit, dem Mittel der Sehnsucht und Sentimentalität flieht, und allenthalben der Gemeinheit Tränen auf die Wangen macht, und ein Ach Gott! in den Mund gibt, wodurch / seine Gestalten freilich gegen den Himmel über das Wirkliche hinaus sich richten, aber wie die Fledermäuse weder dem Vögelgeschlecht noch dem Tiergeschlecht, weder der Erde noch dem Himmel angehören, und solche Schönheit nicht ohne Häßlichkeit, solche Sittlichkeit nicht ohne Schwäche und Niederträchtigkeit, solcher Verstand, der dabei vorkommt, nicht ohne Plattheit, das Glück und Unglück, das dabei mitspielt, jenes nicht ohne Gemeinheit, dieses nicht ohne Angst und Feigheit, beides nicht ohne Verächtlichkeit sein kann; eben so wenig kann die Philosophie das Endliche und die Subjektivität, wenn sie sie als absolute Wahrheit nach ihrer Weise in Begriffsform aufnimmt, dadurch reinigen, daß sie dieselbe mit Unendlichem in Beziehung bringt; denn dieses Unendliche ist selbst nicht das Wahre, weil es die Endlichkeit nicht aufzuzehren vermag. Wenn aber in ihr die Wirklichkeit und das Zeitliche als solches verschwindet, so gilt dies für grausames Sezieren, das den Menschen nicht ganz läßt, und für ein gewalttätiges Abstrahieren, das keine Wahrheit, besonders nicht praktische Wahrheit hat, und eine solche Abstraktion wird begriffen als schmerzerregendes Wegschneiden eines wesentlichen Stückes von der Vollständigkeit des Ganzen; als wesentliches Stück aber wird erkannt, und als ein absolutes An-sich, das Zeitliche und Empirische, und die Privation; es ist, als ob derjenige, der nur die Füße eines Kunstwerks sieht, wenn das ganze Werk seinen Augen enthüllt wird, darüber klagte, daß er der Privation priviert, die Unvollständigkeit verunvollständigt worden sei. Das Endliche erkennen ist ein solches Erkennen eines Teils und eines Einzelnen; wenn das Absolute zusammengesetzt wäre aus Endlichem und Unendlichem, so würde die Abstraktion vom Endlichen allerdings ein Verlust sein, aber in der Idee ist Endliches und Unendliches Eins, und deswegen die Endlichkeit als solche verschwunden, insofern sie an und für sich Wahrheit und Realität haben sollte; es ist aber nur das, was an ihr Negation ist, negiert worden, und also die wahre Affirmation gesetzt. Das höchste Abstraktum jener absolutgemachten Negation ist die Egoität, wie sonst das Ding die höchste Abstraktion der Position; Eins wie das andere ist selbst nur eine Negation des andern; reines Sein, wie reines Denken, — ein absolutes Ding und absolute Egoität sind gleicherweise die Endlichkeit zu einem Absoluten gemacht, und auf dieser einen und selben Stufe stehen, um von den andern Erscheinungen nicht zu sprechen, Eudämonismus und Aufklärerei, so wie Kantische, Jacobische und Fichtesche Philosophie, zu deren ausgeführterer Gegeneinanderstellung wir jetzt uns wenden. /

A. KANTISCHE PHILOSOPHIE

Die Kantische Philosophie ist ihres Prinzips der Subjektivität und des formalen Denkens, dadurch, daß ihr Wesen darin besteht, kritischer Idealismus zu sein, geradezu geständig; und in der Sicherheit ihres Standpunkts, die Einheit der Reflexion zum Höchsten zu machen, gibt sie in dem unbesorgtesten Erzählen die Offenbarung dessen, was sie ist und will; der Name Vernunft, den sie dem Begriffe gibt, vermag den Aufschluß darüber höchstens zu erschweren oder zu verhüllen; auf den niedrigern Standpunkten, wo ihr in Wahrheit eine Idee zum Grunde liegt, macht teils die Verworrenheit, in der sie die Idee ausdrückt, Mühe, sie zu erkennen, teils verwandelt sie selbst das Vernünftige wieder bald genug in ein Verständiges und Bedingtes; sonst aber gerät sie als auf bloße Möglichkeiten des Denkens, und aller Realität entbehrende überschwengliche Begriffe, öfters in ihrem Wege beiläufig auf Ideen, welche sie bald genug als bloße leere Gedanken wieder fallen läßt; und die höchste Idee, auf welche sie in ihrem kritischen Geschäfte stieß, und sie als eine leere Grübelei und einen unnatürlichen bloßen Schulwitz, aus Begriffen eine Realität herauszuklauben, behandelte, stellt sie selbst aber am Ende ihrer Philosophie als ein Postulat auf, das eine notwendige Subjektivität hätte, aber nicht diejenige absolute Objektivität, um von dieser Idee, statt mit ihr im Glauben zu enden, ganz allein die Philosophie anzufangen und sie als den alleinigen Inhalt derselben anzuerkennen. Wenn die Kantische Philosophie schlechthin in dem Gegensatze verweilt, und die Identität desselben zum absoluten Ende der Philosophie, d. h. zur reinen Grenze, die nur eine Negation derselben ist, macht, so muß dagegen als Aufgabe der wahren Philosophie nicht angesehen werden, die Gegensätze, die sich vorfinden, die bald als Geist und Welt, als Seele und Leib, als Ich und Natur u.s.w. aufgefaßt werden, in ihrem Ende zu lösen, sondern ihre einzige Idee, welche für sie Realität und wahrhafte Objektivität hat, ist das absolute Aufgehobensein des Gegensatzes, und diese absolute Identität ist weder ein allgemeines subjektives nicht zu realisierendes Postulat, sondern sie ist die einzige wahrhafte Realität, noch das Erkennen derselben ein Glauben, d. h. ein Jenseits für das Wissen, sondern ihr einziges Wissen. Weil nun die Philosophie in der absoluten Identität weder das eine der Entgegengesetzten, noch das andere, in seiner Abstraktion von dem andern, für sich seiend anerkennt, sondern die höchste Idee indifferent gegen beides, und jedes einzeln betrachtet, Nichts ist, ist sie Idealismus; und die Kantische Philosophie hat das Verdienst, Idealismus zu sein, / insofern sie erweist, daß weder der Begriff für sich allein, noch die Anschauung für sich allein, Etwas, die Anschauung für sich blind und der Begriff für sich leer ist; und daß die endliche Identität beider im Bewußtsein, welche Erfahrung heißt, eben so wenig eine vernünftige Erkenntnis ist; aber indem die Kantische Philosophie jene endliche Erkenntnis für die einzig mögliche erklärt, und zu dem an sich Seienden, zum Positiven, eben jene negative, rein idealistische Seite oder wieder eben jenen leeren Begriff als absolute, sowohl theoretische als praktische Vernunft macht, fällt sie zurück in absolute Endlichkeit und Subjektivität; und die ganze Aufgabe und Inhalt dieser Philosophie ist nicht das Erkennen des Absoluten, sondern das Erkennen dieser Subjektivität oder eine Kritik der Erkenntnisvermögen.

„Ich hielte dafür, daß es gleichsam der erste Schritt wäre, den verschiedenen Untersuchungen, die das Gemüt des Menschen gerne unternimmt, ein Genüge zu tun, wenn wir unsern Verstand genau betrachteten, unsere Kräfte erforschten und zusähen, zu welchen Dingen sie aufgelegt sind. Wenn die Menschen mit ihren Untersuchungen weiter gehen, als es ihre Fähigkeit zuläßt, und ihre Gedanken auf einer so tiefen See umherschweifen lassen, wo sie keine Spur finden können; so ist es kein Wunder, daß sie lauter Zweifel erregen, und der Streitigkeiten immer mehr machen, welche, da sie sich niemals auflösen und ausmachen lassen, nur dienen, ihre Zweifel zu unterhalten und zu vermehren, und sie endlich in der vollkommenen Zweiflerei zu bestärken. Würde hingegen die Fähigkeit unseres Verstandes wohl überlegt, würde einmal entdeckt, wie weit sich unsere Erkenntnis erstreckt, und der Horizont gefunden, welcher zwischen dem erleuchteten und dem finstern Teile, zwischen demjenigen, was sich begreifen läßt, und demjenigen, was sich nicht begreifen läßt, die Scheidegrenzen macht; so würden vielleicht die Menschen mit wenigerer Schwierigkeit bei der erkannten Unwissenheit des einen beruhen, und ihre Gedanken und Reden mit mehrerem Vorteil und Vergnügen zu dem andern anwenden."

Mit solchen Worten drückt Locke in der *Einleitung* zu seinem *Versuche* den Zweck seines Unternehmens aus, Worte, welche man eben so in der Einleitung zur Kantischen Philosophie lesen könnte, welche sich gleichfalls innerhalb des Lockeschen Zwecks, nämlich der Betrachtung des endlichen Verstandes einschränkt.

Innerhalb dieser Schranke aber und ungeachtet der ganz anders lautenden höchsten Resultate findet sich die wahrhafte Vernunftidee ausgedrückt in der Formel: **wie sind synthetische Urteile a priori möglich**; es ist aber Kant begegnet, was er Hume vorwirft, nämlich, daß er diese Aufgabe der Philosophie bei weitem nicht bestimmt genug und in ihrer Allgemeinheit dachte, sondern bloß bei der **subjektiven** und **äußerlichen** Bedeutung dieser Frage stehen blieb, und herauszubringen glaubte, daß ein vernünftiges Erkennen unmöglich sei, und nach seinen Schlüssen würde alles, was Philosophie heißt, auf einen bloßen Wahn von vermeinter Vernunfteinsicht hinauslaufen.

Wie sind synthetische Urteile a priori möglich? Dieses Problem drückt nichts anders aus, als die Idee, daß in dem synthetischen Urteil Subjekt und Prädikat, jenes das Besondere, dieses das Allgemeine, jenes in der Form des Seins, dies in der Form des Denkens, — dieses Ungleichartige zugleich a priori, d. h. absolut identisch ist. Die Möglichkeit dieses Setzens ist allein die Vernunft, welche nichts anders ist, als diese Identität solcher Ungleichartigen. Man erblickt diese Idee durch die Flachheit der Deduktion der Kategorien hindurch, und in Beziehung auf Raum und Zeit nicht da, wo sie sein sollte, in der transzendentalen Erörterung dieser Formen, aber doch in der Folge, wo die ursprünglich synthetische Einheit der Apperzeption erst bei der Deduktion der Kategorien zum Vorschein kommt, und auch als Prinzip der figürlichen Synthesis, oder der Formen der Anschauung erkannt, und Raum und Zeit selbst als synthetische Einheiten und die produktive Einbildungskraft, Spontaneität und absolute synthetische Tätigkeit, als Prinzip der Sinnlichkeit begriffen wird, welche vorher nur als Rezeptivität charakterisiert worden war.

Diese ursprüngliche synthetische Einheit, d. h. eine Einheit, die nicht als Produkt Entgegengesetzter begriffen werden muß, sondern als wahrhaft notwendige, absolute, ursprüngliche Identität Entgegengesetzter, ist sowohl Prinzip der produktiven Einbildungskraft, der blinden, d. h. in die Differenz versenkten, von ihr sich nicht abscheidenden, als der die Differenz identisch setzenden, aber von den Differenten sich unterscheidenden Einheit, als Verstand; woraus erhellt, daß die Kantischen Formen der Anschauung und die Formen des Denkens gar nicht als besondere isolierte Vermögen auseinander liegen, wie man es sich gewöhnlich vorstellt. Eine und ebendieselbe synthetische Einheit, — und was diese hier heißt, ist soeben bestimmt worden — ist das Prinzip des Anschauens und des Verstandes; der Verstand ist allein die höhere Potenz, in welcher die Identität, die im Anschauen ganz und gar in die Mannigfaltigkeit versenkt ist, zugleich als ihr entgegengesetzt sich in sich als Allgemeinheit, wodurch sie die höhere Potenz ist, konstituiert; Kant hat deswegen ganz Recht, die Anschauung ohne die Form blind zu nennen, denn in der Anschauung ist nicht der relative Gegensatz und also auch nicht die relative Identität zwischen Einheit und Differenz, als in welcher relativen Identität und Gegensatz das Sehen oder das Bewußtsein besteht, vorhanden, sondern die Identität ist wie im Magnet völlig mit der Differenz identisch: insofern aber die Anschauung eine sinnliche, d. h. der Gegensatz nicht wie in der intellektuellen Anschauung aufgehoben ist, sondern in der empirischen Anschauung als einer solchen hervortreten muß, so besteht er auch in dieser Form des Versenktseins, und so treten die Gegensätze als zwei Formen des Anschauens auseinander, die eine als Identität des Denkens, die andere als Identität des Seins, als Anschauung der Zeit und des Raums. — Eben so ist der Begriff leer / ohne Anschauung, denn die synthetische Einheit ist nur Begriff, indem sie die Differenz so verbindet, daß sie zugleich außerhalb derselben in relativem Gegensatz ihr gegenüber tritt; der reine Begriff isoliert ist die leere Identität; nur als relativ identisch zugleich mit dem, welchem er gegenüber steht, ist er Begriff und erfüllt nur durch das Mannigfaltige der Anschauung; sinnliche Anschauung A = B; Begriff $A^2 = (A = B)$.

Was den Hauptumstand betrifft, daß die produktive Einbildungskraft, sowohl in der Form des sinnlichen Anschauens, als des Begreifens der Anschauung oder der Erfahrung eine wahrhaft spekulative Idee ist, so kann die Identität durch den Ausdruck einer synthetischen Einheit den Anschein, als ob sie die Antithesis voraussetzte, und der Mannigfaltigkeit der Antithesis, als eines von ihr Unabhängigen und für sich Seienden bedürfte, also der Natur nach später wäre als die Entgegensetzung, erhalten; allein jene Einheit ist bei Kant unwidersprechlich die absolute, ursprüngliche Identität des Selbstbewußtseins, welche apriorisch absolut aus sich das Urteil setzt, oder vielmehr als Identität des Subjektiven und Objektiven im Bewußtsein als Urteil erscheint; diese ursprüngliche Einheit der Apperzeption heißt synthetisch eben wegen ihrer Doppelseitigkeit, weil in ihr das Entgegengesetzte absolut Eins ist; wenn die absolute Synthesis, die insofern absolut ist, als sie nicht ein Aggregat von zusammengelesenen Mannigfaltigkeiten, und erst nach diesen, und zu ihnen hinzugetreten ist, getrennt, und auf ihre Entgegengesetzten reflektiert wird, so ist das Eine derselben das leere Ich, der Begriff, das Andere Mannigfaltigkeit, Leib, Materie oder wie man will; Kant sagt sehr gut, *Kritik der reinen Vernunft* S. 135: durch das leere Ich als einfache Vorstellung ist nichts Mannigfaltiges gegeben; die wahre synthetische Einheit oder vernünftige Identität ist nur diejenige, welche die Beziehung ist des Mannigfaltigen auf die leere Identität, das Ich; aus welcher, als ursprünglicher Synthesis, das Ich, als denkendes Subjekt, und das Mannigfaltige, als Leib und Welt sich erst abscheiden; wodurch also Kant die Abstraktion des Ich, oder der verständigen Identität, selbst von dem wahren Ich, als absoluter, ursprünglich synthetischer Identität als dem Prinzip unterscheidet.

So hat Kant in Wahrheit seine Frage: wie sind synthetische Urteile a priori möglich, gelöst; sie sind möglich durch die ursprüngliche absolute Identität von Ungleichartigem, aus welcher als dem Unbedingten sie selbst als in die Form eines Urteils getrennt erscheinendes Subjekt und Prädikat, Besonderes und Allgemeines erst sich sondert. Das Vernünftige oder, wie Kant sich ausdrückt, das Apriorische dieses Urteils, die absolute Identität, als Mittelbegriff, stellt sich aber im Urteil nicht, sondern im Schluß dar; im Urteil ist sie nur die Copula: ist, ein Bewußtloses; und das Urteil selbst ist nur die überwiegende Erscheinung der Differenz; das Ver/nünftige ist hier für das Erkennen eben so in den Gegensatz versenkt, wie für das Bewußtsein überhaupt die Identität in der Anschauung, die Copula ist nicht ein Gedachtes, Erkanntes, sondern drückt gerade das Nichterkanntsein des Vernünftigen aus; was zum Vorschein kommt und im Bewußtsein ist, ist nur das Produkt, als Glieder des Gegensatzes: Subjekt und Prädikat; und nur sie sind in der Form des Urteils, nicht ihr Einssein als Gegenstand des Denkens gesetzt. In der sinnlichen Anschauung tritt nicht Begriff und Reelles einander gegenüber; in dem Urteil zieht sich die Identität als Allgemeines zugleich aus ihrem Versenktsein in die Differenz, die auf diese Weise als Besonderes erscheint, heraus, und tritt diesem Versenktsein gegenüber; aber die vernünftige Identität der Identität, als des Allgemeinen und des Besondern ist das Bewußtlose im Urteil, und das Urteil selbst nur die Erscheinung desselben.

Von der ganzen transzendentalen Deduktion sowohl der Formen der Anschauung, als der Kategorie überhaupt, kann, ohne von dem Ich, welches das Vorstellende und Subjekt ist und das alle Vorstellungen nur Begleitende von Kant genannt wird, dasjenige, was Kant das Vermögen der ursprünglichen synthetischen Einheit der Apperzeption nennt, zu unterscheiden, und diese Einbildungskraft, nicht als das Mittelglied, welches zwischen ein existierendes absolutes Subjekt und eine absolute existierende Welt erst eingeschoben wird, sondern sie als das, welches das Erste und Ursprüngliche ist, und aus welchem das subjektive Ich sowohl als die objektive Welt erst zur notwendig zweiteiligen Erscheinung und Produkt sich trennen, allein als das Ansich zu erkennen, nichts verstanden werden. Diese Einbildungskraft als die ursprüngliche zweiseitige Identität, die nach einer Seite Subjekt überhaupt wird, nach der andern aber Objekt, und ursprünglich beides ist, ist nichts anders als die Vernunft selbst, deren Idee vorhin bestimmt worden ist; nur Vernunft als erscheinend in der Sphäre des empirischen Bewußtseins; daß das Ansich des empirischen Bewußtseins die Vernunft selbst ist, und produktive Einbildungskraft, sowohl als anschauend als auch als erfahrend nicht besondere von der Vernunft abgesonderte Vermögen sind, und daß diese produktive Einbildungskraft nur Verstand heißt, insofern die Kategorien als die bestimmten Formen der erfahrenden Einbildungskraft unter der Form des Unendlichen gesetzt, und als Begriffe fixiert werden, welche gleichfalls in ihrer Sphäre ein vollständiges System bilden, dies muß vorzüglich von denjenigen aufgefaßt werden, welche, wenn sie von Einbildungskraft sprechen hören, weder an Verstand, noch viel weniger aber an Vernunft, sondern nur an Ungesetzmäßigkeit, Willkür und Erdichtung denken, und sich von der Vorstellung einer qualitativen Mannigfaltigkeit von Vermögen und Fähigkeiten des Geistes nicht losmachen können; in der Kantischen Philosophie hat man die produktive Einbildungskraft / deswegen mehr passieren lassen, weil ihre reine Idee allerdings ziemlich vermischt, wie andere Potenzen, und fast in der gewöhnlichen Form psychologischer aber apriorischer Vermögen dargestellt ist, und Kant das alleinige Apriorische, es sei der Sinnlichkeit oder des Verstandes, oder was es ist, nicht als die Vernunft, sondern nur unter formalen Begriffen von Allgemeinheit und Notwendigkeit erkannt, und wie wir gleich sehen werden, das wahrhaft Apriorische selbst wieder zu einer reinen, d. h. nicht ursprünglich synthetischen Einheit gemacht hat.

Indem aber das Ansich in der Potenz der Einbildungskraft aufgestellt, aber die Duplizität derselben als eine reflektierte Duplizität, nämlich als Urteil, und eben so die Identität derselben als Verstand und Kategorie, also als eine gleichfalls reflektierte und relative aufgefaßt worden ist, so mußte auch die absolute Identität der relativen, als Allgemeines oder als Kategorie fixierten Identität und der relativen Duplizität des Allgemeinen und des Besondern reflektiert, und als Vernunft erkannt werden; allein die Einbildungskraft, welche Vernunft ist, versenkt in Differenz, wird als diese Potenz nur in die Form der Unendlichkeit erhoben, als Verstand fixiert, und diese bloß relative Identität tritt dem Besondern notwendig entgegen, ist schlechthin von ihm affiziert als einem ihr Fremden und Empirischen, und das Ansich beider, die Identität dieses Verstands und des Empirischen, oder das Apriorische des Urteils kommt nicht zum Vorschein; und die Philosophie geht vom Urteil nicht bis zum apriorischen Schluß, vom Anerkennen, daß es Erscheinung des Ansich ist, nicht zum Erkennen des Ansich fort; und deswegen kann, und in dieser Potenz muß das absolute Urteil des Idealismus in der Kantischen Darstellung so aufgefaßt werden, daß das Mannigfaltige der Sinnlichkeit, das empirische Bewußtsein als Anschauung und Empfindung, an sich etwas Unverbundenes, die Welt ein in sich Zerfallendes ist, das erst durch die Wohltat des Selbstbewußtseins der verständigen Menschen einen objektiven Zusammenhang und Halt, Substantialität, Vielheit und sogar Wirklichkeit und Möglichkeit erhält; eine objektive Bestimmtheit, welche der Mensch hin-sieht, und hinauswirft. Die ganze Deduktion erhält alsdenn den sehr faßlichen Sinn, die Dinge an sich und die Empfindungen, — und in Ansehung der Empfindungen und ihrer empirischen Realität bleibt nichts übrig als zu denken, daß die Empfindung von den Dingen an sich herkomme, denn von ihnen kommt überhaupt die unbegreifliche Bestimmtheit des empirischen Bewußtseins, und sie können weder angeschaut, noch auch erkannt werden; was in der Erfahrung Form der Anschauung ist, gehört der figürlichen, was Begriff ist, gehört der intellektuellen Synthesis, für die Dinge an sich bleibt kein anderes Organ als die Empfindung, denn diese ist allein nicht a priori, d. h. nicht im menschlichen Erkenntnisvermögen, für welches nur Erscheinungen sind, gegründet, — daß die Dinge an sich, und die Empfindungen ohne objektive / Bestimmtheit sind; ihre objektive Bestimmtheit ist ihre Einheit, diese Einheit aber ist allein Selbstbewußtsein eines Erfahrung habenden Subjekts; und also eben so wenig etwas wahrhaft Apriorisches und an sich Seiendes als irgend eine andre Subjektivität; der kritische Idealismus bestände demnach in Nichts als in dem formalen Wissen, daß Subjekt und die Dinge, oder das Nicht-Ich, jedes für sich existieren, das Ich des: Ich denke, und das Ding an sich, nicht als ob jedes von ihnen Substanz, das eine als Seelending, das andere als objektives Ding gesetzt wäre, sondern Ich des Ich denke, als Subjekt, ist absolut so wie das jenseits desselben liegende Ding an sich, beide ohne weitere Bestimmtheit nach Kategorien; die objektive Bestimmtheit und ihre Formen treten erst ein in der Beziehung beider auf einander; und diese ihre Identität ist die formale, die als Kausalzusammenhang erscheint, so daß Ding an sich Objekt wird, insofern es einige Bestimmtheit vom tätigen Subjekt erhält, welche in beiden dadurch allein eine und ebendieselbe ist, aber außerdem sind sie etwas völlig Ungleiches; identisch wie Sonne und Stein es sind in Ansehung der Wärme, wenn die Sonne den Stein wärmt. In eine solche formale Identität ist die absolute Identität des Subjekts und Objekts, und der transzendentale Idealismus in diesen formalen oder vielmehr und eigentlich psychologischen Idealismus übergegangen. – Das Urteil, wenn die Trennung von Subjekt und Objekt gemacht ist, erscheint wieder gedoppelt im Subjektiven und im Objektiven, als ein Übergang von einem Objektiven zu einem andern, die selbst wieder im Verhältnis eines Subjektiven und Objektiven gesetzt sind, und der Identität beider; ebenso von einer subjektiven Erscheinung zu einer andern; so ist die Schwere, das Objektive, als ein Subjektives oder Besonderes der Körper, als ein Objektives oder Allgemeines aber die Bewegung; oder das Subjektive, die Einbildungskraft, als Subjektives oder Besonderes Ich, als Objektives aber oder Allgemeines die Erfahrung. Diese Verhältnisse der Erscheinung, als Urteile hat Kant auf ihrer objektiven Seite im System der Grundsätze der Urteilskraft aufgestellt; und insofern die Identität des in einem solchen Verhältnis des Urteils als ungleichartig Erscheinenden, z. B. insofern das, was Ursache ist, notwendig, d. h. absolut verbunden dem Bewirkten, also transzendentale Identität ist, ist wahrer Idealismus darin zu sehen. Aber dieses ganze System der Grundsätze tritt selbst wieder als ein bewußter menschlicher Verstand auf die eine Seite, als ein Subjektives; und es ist jetzt die Frage, welches Verhältnis hat dieses Urteil, nämlich diese Subjektivität des Verstands zur Objektivität? Beides ist identisch, aber formal identisch, indem die Ungleichartigkeit der Erscheinung hier weggelassen ist; die Form A ist als dieselbe im Subjekt und Objekt vorhanden; sie ist nicht zugleich auf eine ungleichartige Weise, d. h. das einemal als ein Subjektives, das andremal als ein Objektives, das einemal als Einheit, das andremal als Mannigfaltigkeit gesetzt, wie die Entgegen/setzung und Erscheinung allein erkannt werden muß; nicht das einemal als Punkt, das andremal als Linie, nicht 1 = 2; sondern, wenn das Subjektive Punkt ist, so ist auch das Objektive Punkt; ist das Subjektive Linie, so ist auch das Objektive Linie; ein und ebendasselbe wird das einemal als Vorstellung, das anderemal als existierendes Ding betrachtet; der Baum als meine Vorstellung, und als ein Ding; die Wärme, Licht, Rot, Süß u.s.w. als meine Empfindung und als eine Eigenschaft eines Dings; so wie die Kategorie das einemal als Verhältnis meines Denkens, das andremal als Verhältnis der Dinge gesetzt wird. Daß nun eine solche Verschiedenheit, wie sie hier vorgestellt ist, nur verschiedene Seiten meines subjektiven Betrachtens, und daß diese Seiten nicht selbst wieder objektiv in der Entgegensetzung als Erkennen der Erscheinung gesetzt sind, sondern jene formale Identität als die Hauptsache erscheint, dies macht das Wesen des formalen oder psychologischen Idealismus aus, welcher die Erscheinung des Absoluten eben so wenig nach ihrer Wahrheit erkennt, als die absolute Identität, — Eins ist schlechthin unzertrennlich vom andern, — und in welchen die Kantische, aber besonders die Fichtesche Philosophie alle Augenblicke übergleitet. — Eine solche formale Identität hat unmittelbar eine unendliche Nichtidentität gegen oder neben sich, mit der sie auf eine unbegreifliche Weise koaleszieren muß; so kommt denn auf eine Seite das Ich mit seiner produktiven Einbildungskraft, oder vielmehr mit seiner synthetischen Einheit, die so isoliert gesetzt formale Einheit des Mannigfaltigen ist, neben dieselbe aber eine Unendlichkeit der Empfindungen und, wenn man will, der Dinge an sich, welches Reich, insofern es von den Kategorien verlassen ist, nichts anders als ein formloser Klumpen sein kann, obschon es auch nach der *Kritik der Urteilskraft* als ein Reich der schönen Natur Bestimmtheiten in sich enthält, für welche die Urteilskraft nicht subsumierend, sondern nur reflektierend sein kann; aber, weil doch Objektivität und Halt überhaupt nur von den Kategorien herkommt, dies Reich aber ohne Kategorien und doch für sich und für die Reflexion ist, so kann man sich dasselbe nicht anders vorstellen, als wie den ehernen König im Märchen, den ein menschliches Selbstbewußtsein mit den Adern der Objektivität durchzieht, daß er als aufgerichtete Gestalt steht, welche Adern der formale transzendentale Idealismus ihr ausleckt, so daß sie zusammensinkt, und ein Mittelding zwischen Form und Klumpen ist, widerwärtig anzusehen; und für die Erkenntnis der Natur, und ohne die von dem Selbstbewußtsein ihr eingespritzten Adern, bleibt nichts als die Empfindung.

Auf diese Weise wird also die Objektivität der Kategorien in der Erfahrung, und die Notwendigkeit dieser Verhältnisse, selbst wieder etwas Zufälliges und ein Subjektives; dieser Verstand ist menschlicher Verstand, ein Teil des Erkenntnisvermögens, Verstand eines fixen Punkts der Egoität. Die Dinge, wie sie durch den Verstand erkannt werden, sind nur Erscheinungen, nichts an sich, was ein ganz wahrhaftes Resultat ist; der unmittelbare Schluß aber ist, daß auch ein Verstand, der / nur Erscheinungen und ein Nichts an sich erkennt, selbst Erscheinung und nichts an sich ist; aber der so erkennende, diskursive Verstand wird dagegen als an sich und absolut und dogmatisch wird das Erkennen der Erscheinungen als die einzige Weise des Erkennens betrachtet, und die Vernunfterkenntnis geleugnet. Wenn die Formen, durch welche das Objekt ist, nichts an sich sind, so müssen sie auch nichts an sich für eine erkennende Vernunft sein; daß aber der Verstand das Absolute des menschlichen Geistes ist, darüber scheint Kant nie ein leiser Zweifel aufgestiegen zu sein, sondern der Verstand ist die absolut fixierte unüberwindliche Endlichkeit der menschlichen Vernunft. — Bei der Aufgabe, die Gemeinschaft der Seele mit dem Leibe zu erklären, findet Kant mit Recht die Schwierigkeit (nicht eines Erklärens, sondern des Erkennens) in der vorausgesetzten Ungleichartigkeit der Seele mit den Gegenständen äußerer Sinne;

wenn man aber bedenke, daß beiderlei Arten von Gegenständen hierin sich nicht innerlich, sondern nur sofern eins mit dem andern äußerlich erscheint, von einander unterscheiden, mithin das, was der Erscheinung der Materie, als Ding an sich selbst, zum Grunde liegt, vielleicht so ungleichartig nicht sein dürfte, so verschwinde die Schwierigkeit, und es bleibe keine übrig, als die, wie überhaupt eine Gemeinschaft von Substanzen möglich sei, (es war überflüssig, die Schwierigkeit hier herüber zu spielen) welche zu lösen — ohne Zweifel, auch außer dem Felde der menschlichen Erkenntnis liegt. — Man sieht, daß es um der beliebten Menschheit und ihres Erkenntnisvermögens willen geschieht, daß Kant seinen Gedanken, daß jene vielleicht an sich nicht so ungleichartig, sondern nur in der Erscheinung seien, so wenig ehrt, und diesen Gedanken für den bloßen Einfall eines Vielleichts und nicht für einen vernünftigen hält.

Ein solcher formaler Idealismus, der auf diese Weise einen absoluten Punkt der Egoität und ihres Verstandes einerseits und absolute Mannigfaltigkeit oder Empfindung auf die andere Seite setzt, ist ein Dualismus, und die idealistische Seite, welche dem Subjekt gewisse Verhältnisse, die Kategorien heißen, vindiziert, ist nichts als die Erweiterung des Lockeanismus, welcher die Begriffe und Formen durchs Objekt gegeben werden läßt, und nur das Wahrnehmen überhaupt, einen allgemeinen Verstand in das Subjekt versetzt; da hingegen dieser Idealismus das Wahrnehmen als immanente Form selbst weiter bestimmt; und dadurch allerdings schon unendlich gewinnt, daß die Leerheit des Perzipierens, oder der Spontaneität, a priori, absolut durch einen Inhalt erfüllt wird, indem die Bestimmtheit der Form nichts anders ist, als die Identität Entgegengesetzter, wodurch also der apriorische Verstand zugleich wenigstens im Allgemeinen aposteriorisch wird, denn die Aposteriorität ist nichts als die Entgegensetzung, und so der formelle Begriff der Vernunft, apriorisch und aposteriorisch, identisch und nicht identisch in einer absoluten Einheit zu sein, / gegeben wird, welche Idee aber Verstand bleibt, und nur deren Produkt als ein synthetisches Urteil a priori erkannt wird. Innerhalb ist also der Verstand, insofern in ihm selbst Allgemeines und Besonderes Eins sind, eine spekulative Idee, und soll eine spekulative Idee sein; denn die Entgegensetzung des Urteils soll a priori, notwendig und allgemein, d. h. absolut identisch sein; aber es bleibt bei dem Sollen; denn dieses Denken ist wieder ein Verstand, ein der empirischen Sinnlichkeit Entgegengesetztes; die ganze Deduktion ist eine Analyse der Erfahrung, und das Setzen einer absoluten Antithesis und eines Dualismus. Daß der Verstand etwas Subjektives ist, für den die Dinge nicht an sich, sondern nur die Erscheinungen sind, hat also einen gedoppelten Sinn; den sehr richtigen, daß der Verstand das Prinzip der Entgegensetzung und die Abstraktion der Endlichkeit ausdrückt; den andern aber, nach welchem diese Endlichkeit und die Erscheinung im Menschen ein Absolutes ist; nicht das An-sich der Dinge, aber das An-sich der erkennenden Vernunft; als subjektive Qualität des Geistes soll er absolut sein. Aber schon dadurch überhaupt, daß er als etwas Subjektives gesetzt wird, wird er als etwas nicht Absolutes anerkannt; es muß selbst für den formalen Idealismus gleichgültig sein, ob der notwendige und in den Dimensionen seiner Form erkannte Verstand subjektiv oder objektiv gesetzt wird. Wenn der Verstand für sich betrachtet werden soll, als die Abstraktion der Form in ihrer Triplizität, so ist es gleich, ihn als Verstand des Bewußtseins, als auch als Verstand der Natur zu betrachten, als die Form der bewußten oder der bewußtlosen Intelligenz; so daß wie im Ich der Verstand intellektualisiert, eben so in der Natur realisiert gedacht wird. Wenn der Verstand überhaupt an sich wäre, würde er in der Natur, als eine außer dem verständigen Erkennen an und für sich verständige Welt, so sehr Realität haben, als ein außer der Natur sich in der Form der Intellektualität denkender Verstand; die Erfahrung subjektiv als das bewußte eben so sehr, als die Erfahrung objektiv, das bewußtlose System der Mannigfaltigkeit und Verknüpfung der Welt. Aber die Welt ist nicht darum nichts an sich, weil ihr ein bewußter Verstand erst ihre Formen gibt, sondern weil sie Natur, d. h. über die Endlichkeit und den Verstand erhaben ist; und eben so ist der bewußte Verstand nichts an sich nicht darum, weil er menschlicher Verstand, sondern weil er Verstand überhaupt, d. h. in ihm ein absolutes Sein des Gegensatzes ist.

Wir müssen also das Verdienst Kants nicht darein setzen, daß er die Formen, die in den Kategorien ausgedrückt sind, in das menschliche Erkenntnisvermögen als den Pfahl einer absoluten Endlichkeit gesetzt, sondern daß er mehr in der Form transzendentaler Einbildungskraft die Idee wahrhafter Apriorität, aber auch selbst in dem Verstande dadurch den Anfang der Idee der Vernunft gelegt hat, daß er das Denken oder die Form, nicht subjektiv, sondern an sich genommen, nicht als etwas Formloses, / die leere Apperzeption, sondern daß er das Denken als Verstand, als wahrhafte Form, nämlich als Triplizität begriffen hat. In diese Triplizität ist allein der Keim des Spekulativen gelegt, weil in ihr zugleich ursprüngliches Urteil, oder Dualität, also die Möglichkeit der Aposteriorität selbst liegt, und die Aposteriorität auf diese Weise aufhört, dem Apriori absolut entgegengesetzt, und ebendadurch das Apriori auch, formale Identität zu sein. Die reinere Idee aber eines Verstands, der zugleich aposteriorisch ist, die Idee der absoluten Mitte eines anschauenden Verstandes werden wir nachher berühren.

Ehe wir zeigen, wie diese Idee eines zugleich aposteriorischen oder anschauenden Verstandes Kanten sehr gut vorschwebte, und wie er sie aussprach, aber wie er mit Bewußtsein sie wieder vernichtete, müssen wir betrachten, was die Vernunft, die in diese Idee überzugehen sich weigert, sein kann. Um dieser Weigerung willen bleibt ihr nichts übrig, als die reine Leerheit der Identität, welche, die Vernunft bloß im Urteil betrachtet, als das für sich selbst seiende reine Allgemeine, d. h. das Subjektive, wie es in seinem völlig gereinigten Zustand von der Mannigfaltigkeit, als reine abstrakte Einheit zu Stande kommt. Der menschliche Verstand ist die Verknüpfung des Mannigfaltigen durch die Einheit des Selbstbewußtseins; in der Analysis ergibt sich ein Subjektives, als verknüpfende Tätigkeit, die selbst als Spontaneität Dimensionen, welche sich als die

Kategorien ergeben, hat, und insofern ist sie Verstand. Aber die Abstraktion von dem Inhalt sowohl, den dieses Verknüpfen durch seine Beziehung auf das Empirische hat, als von seiner immanenten Besonderheit, die sich in seinen Dimensionen ausdrückt, diese leere Einheit ist die Vernunft. Der Verstand ist Einheit einer möglichen Erfahrung, die Vernunfteinheit aber bezieht sich auf den Verstand und dessen Urteile; in dieser allgemeinen Bestimmung ist die Vernunft aus der Sphäre der relativen Identität des Verstandes allerdings erhoben, und dieser negative Charakter ließe zu, sie als absolute Identität zu begreifen; aber sie ist auch nur erhoben worden, damit die bei der Einbildungskraft am lebhaftesten hervortretende, beim Verstand schon depotenzierte spekulative Idee bei der Vernunft vollends ganz zur formalen Identität herabsinke. Wie Kant diese leere Einheit mit Recht zu einem bloß regulativen, nicht zu einem konstitutiven, denn wie sollte das schlechthin Inhaltlose etwas konstituieren, Prinzip macht, wie er sie als das Unbedingte setzt, dies zu betrachten hat an sich teils nur Interesse, inwiefern, um diese Leerheit zu konstituieren, Kant polemisch gegen die Vernunft ist, und das Vernünftige, was im Verstand und seiner Deduktion als transzendentale Synthesis anerkannt wird, nur insofern es nicht als Produkt und in seiner Erscheinung als Urteil, sondern / jetzt als Vernunft erkannt werden sollte, selbst wieder ausreutet; teils insbesondere wie diese leere Einheit als praktische Vernunft doch wieder konstitutiv werden, aus sich selbst gebären und sich einen Inhalt geben soll; wie ferner am letzten Ende die Idee der Vernunft wieder rein aufgestellt, aber wieder vernichtet wird, und als ein absolutes Jenseits in der Vernunftlosigkeit des Glaubens, als ein Leeres für die Erkenntnis gesetzt und damit die Subjektivität, welche auf eine scheinbar unschuldigere Weise schon in der Darstellung des Verstandes auftrat, absolut und Prinzip bleibt.

Daß die Vernunft, als die dimensionslose Tätigkeit, als der reine Begriff der Unendlichkeit in der Entgegensetzung gegen das Endliche festgehalten und in ihr als ein Absolutes, also als reine Einheit ohne Anschauung, leer in sich ist, erkennt Kant durchaus und allenthalben; der unmittelbare Widerspruch aber, der darin liegt, ist, daß diese Unendlichkeit, die schlechthin bedingt ist durch die Abstraktion von einem Entgegengesetzten, und schlechthin Nichts ist außer diesem Gegensatz, doch zugleich als die absolute Spontaneität und Autonomie behauptet wird; als Freiheit soll sie sein absolut, da das Wesen dieser Freiheit darin besteht, nur durch ein Entgegengesetztes zu sein. Dieser diesem System unüberwindliche und es zerstörende Widerspruch wird zur realen Inkonsequenz, indem diese absolute Leerheit sich als praktische Vernunft einen Inhalt geben und in der Form von Pflichten sich ausdehnen soll. Die theoretische Vernunft, welche sich die Mannigfaltigkeit vom Verstande geben läßt, und diese nur zu regulieren hat, macht keinen Anspruch auf eine autonomische Würde, noch auf das Selbstzeugen des Sohnes aus sich, und muß ihrer eigenen Leerheit und Unwürdigkeit, sich in diesem Dualismus einer reinen Vernunfteinheit und einer Verstandesmannigfaltigkeit ertragen zu können, und ohne Bedürfnis nach der Mitte und nach immanenter Erkenntnis zu sein, überlassen bleiben. Statt die Vernunftidee, welche in der Deduktion der Kategorien als ursprüngliche Identität des Einen und Mannigfaltigen vorkommt, hier vollkommen herauszuheben aus ihrer Erscheinung als Verstand, wird diese Erscheinung nach einem derer Glieder, der Einheit, und damit auch nach dem andern permanent, und die Endlichkeit absolut gemacht; es wird wohl wieder Vernünftiges gewittert, wohl der Name Idee aus Plato wieder hervorgezogen, Tugend und Schönheit als Ideen erkannt, aber diese Vernunft selbst bringt es nicht so weit, eine Idee hervorbringen zu können.

Die polemische Seite dieser Vernunft hat in den Paralogismen derselben kein anderes Interesse, als die Verstandesbegriffe, die vom Ich prädiziert werden, aufzuheben, und es aus der Sphäre des Dings und der objektiven endlichen Bestimmtheiten in die Intellektualität empor zu heben, in dieser nicht eine bestimmte Dimension und einzelne Form des Verstandes vom Geist zu prädizieren, aber die abstrakte Form der Endlichkeit selbst; und das Ich denke zu einem absoluten intellektuellen / Punkte, nicht zu einer realen existierenden Monade in der Form von Substanz, sondern als einer intellektuellen Monade, als eines fixen intellektuellen Eins, das bedingt durch unendliche Entgegensetzung und in dieser Endlichkeit absolut ist, umzuschaffen; so daß Ich aus dem Seelending eine qualitative Intellektualität, ein intellektuelles abstraktes und als solches absolutes Eins, die vorherige dogmatische objektive in eine dogmatische subjektive absolute Endlichkeit umgewandelt wird.

Die mathematischen Antinomien betrachten die Anwendung der Vernunft als bloßer Negativität auf ein Fixiertes der Reflexion, wodurch unmittelbar die empirische Unendlichkeit produziert wird; A ist gesetzt, und soll zugleich nicht gesetzt sein; es ist gesetzt, indem es bleibt, was es ist, es ist aufgehoben, indem zu einem Andern übergegangen wird; diese leere Forderung eines Andern, und das absolute Sein dessen, für welches ein Anderes gefordert wird, geben diese empirische Unendlichkeit. Die Antinomie entsteht, weil sowohl das Anderssein als das Sein, der Widerspruch in seiner absoluten Unüberwindlichkeit gesetzt wird. Die eine Seite der Antinomie muß also sein, daß hier der bestimmte Punkt, und die Widerlegung, daß das Gegenteil, das Anderssein gesetzt wird; die andere Seite der Antinomie umgekehrt. Wenn Kant diesen Widerstreit erkannt hat, daß er nur durch und in der Endlichkeit notwendig entstehe, und deswegen ein notwendiger Schein sei, so hat er ihn teils nicht aufgelöst, indem er die Endlichkeit selbst nicht aufgehoben hat, sondern wieder, indem er den Widerstreit zu etwas Subjektivem machte, eben diesen Widerstreit bestehen lassen; teils kann Kant den transzendentalen Idealismus nur als den negativen Schlüssel zu ihrer Auflösung, insofern er beide Seiten der Antinomie, als etwas an sich seiend, leugnet, gebrauchen, aber das Positive dieser Antinomien, ihre Mitte ist dadurch nicht erkannt; die Vernunft erscheint rein bloß von ihrer negativen Seite, als aufhebend die Reflexion, aber sie selbst in ihrer eigentümlichen Gestalt tritt nicht hervor. Doch wäre dies Negative schon hinreichend genug, um denn auch für die praktische

Vernunft den unendlichen Progreß wenigstens abzuhalten, denn er ist ebendieselbe Antinomie wie der unendliche Regreß, und selbst nur für und in der Endlichkeit; die praktische Vernunft, die zu ihm ihre Zuflucht nimmt, und in der Freiheit sich als absolut konstituieren soll, bekennt eben durch diese Unendlichkeit des Progresses ihre Endlichkeit und Untüchtigkeit, sich für absolut geltend zu machen.

Die Auflösung der dynamischen Antinomien aber blieb nicht bloß negativ, sondern bekennt den absoluten Dualismus dieser Philosophie; sie hebt den Widerstreit dadurch, daß sie ihn absolut macht; Freiheit und Notwendigkeit, intelligible und sinnliche Welt, absolute und empirische Notwendigkeit auf einander bezogen, produzieren eine Antinomie; die Auflösung lautet dahin, diese Gegensätze nicht auf / diese dürftige Weise zu beziehen, sondern sie als absolut ungleichartig, außer aller Gemeinschaft seiend, zu denken; und vor dem dürftigen und haltungslosen Beziehen der Freiheit auf die Notwendigkeit, der intelligibeln auf die sinnliche Welt ist allerdings die völlige reine Trennung derselben ein Verdienst, daß ihre absolute Identität ganz rein gesetzt werde; aber ihre Trennung ist von Kant nicht zu diesem Behuf so rein gemacht worden, sondern daß die Trennung das Absolute sei; sie ganz außer aller Gemeinschaft gedacht, widerstreiten sie sich nicht.

Was in dieser sogenannten Auflösung der Antinomien bloß als ein Gedanke gegeben wird, daß Freiheit und Notwendigkeit ganz getrennt sein können, wird in einer andern Reflexionsform kategorisch gesetzt, nämlich in der berühmten Kritik der spekulativen Theologie, in welcher die absolute Entgegensetzung der Freiheit, in der Form von Begriff, und der Notwendigkeit, in der Form von Sein, positiv behauptet, und über die entsetzliche Verblendung der vorhergehenden Philosophie der vollständige Sieg der Unphilosophie davon getragen wird. Der borniert Verstand genießt hier seines Triumphes über die Vernunft, welche ist absolute Identität der höchsten Idee und der absoluten Realität, mit völlig mißtrauenloser Selbstgenügsamkeit. Kant hat sich seinen Triumph dadurch noch glänzender und behaglicher gemacht, daß er dasjenige, was sonst ontologischer Beweis fürs Dasein Gottes genannt wurde, in der schlechtesten Form, welcher er fähig ist, und der ihm von Mendelssohn und andern gegeben wurde, welche die Existenz zu einer Eigenschaft machten, wodurch also die Identität der Idee und der Realität als ein Hinzutun von einem Begriff zu einem andern erscheint, aufgenommen hat; wie denn Kant überhaupt durchaus eine Unwissenheit mit philosophischen Systemen und Mangel an einer Kenntnis derselben, die über eine rein historische Notiz ginge, besonders in den Widerlegungen derselben zeigte.

Nach dieser völligen Zertretung der Vernunft, und dem gehörigen Jubel des Verstandes und der Endlichkeit, sich als das Absolute dekretiert zu haben, stellt sich die Endlichkeit als allerhöchste Abstraktion der Subjektivität, oder der bewußten Endlichkeit alsdenn auch in ihrer positiven Form auf, und in dieser heißt sie praktische Vernunft. Wie der reine Formalismus dieses Prinzips, die Leerheit sich mit dem Gegensatze einer empirischen Fülle darstelle, und zum System ausbilde, werden wir bei der durchgeführtern und konsequentern Entwicklung, welche die Integration dieser leeren Einheit und ihres Gegensatzes durcheinander bei Fichte hat, weitläufiger zeigen.

Hier ist noch der interessanteste Punkt des Kantischen Systems aufzuweisen, nämlich der Punkt, auf welchem es eine Region erkennt, welche eine Mitte ist zwischen dem empirischen Mannigfaltigen und der absoluten abstrakten Einheit, aber / wieder nicht eine Region für die Erkenntnis; sondern nur die Seite ihrer Erscheinung, nicht aber deren Grund, die Vernunft, wird hervorgerufen, als Gedanke anerkannt, aber alle Realität für die Erkenntnis ihr abgesprochen.

In der reflektierenden Urteilskraft findet nämlich Kant das Mittelglied zwischen Naturbegriff und Freiheitsbegriff; d. h. zwischen der durch Begriffe bestimmten objektiven Mannigfaltigkeit, dem Verstand überhaupt, und der reinen Abstraktion des Verstandes; die Region der Identität dessen, was in dem absoluten Urteil, über dessen Sphäre die theoretische so wenig als die praktische Philosophie sich erhoben hatte, Subjekt und Prädikat ist; diese Identität aber, welche allein die wahre und alleinige Vernunft ist, ist nach Kant nicht für die Vernunft, sondern nur für reflektierende Urteilskraft. Indem Kant hier über die Vernunft in ihrer Realität, als bewußter Anschauung, über die Schönheit, und über dieselbe als bewußtloser Anschauung, über die Organisation reflektiert, findet sich allenthalben die Idee der Vernunft auf eine mehr oder weniger formale Weise ausgesprochen. Für die ideelle Form der Schönheit stellt Kant die Idee einer von selbst gesetzmäßigen Einbildungskraft, einer Gesetzmäßigkeit ohne Gesetz, und einer freien Übereinstimmung der Einbildungskraft zum Verstande auf; die Erklärungen hierüber, z. B. über eine ästhetische Idee, daß sie diejenige Vorstellung der Einbildungskraft sei, die viel zu denken veranlaßt, ohne daß ihr doch irgend ein bestimmter Begriff adäquat sein, die folglich durch keine Sprache völlig erreicht und verständlich gemacht werden könne, lauten höchst empirisch; denn es zeigt sich nicht die leiseste Ahndung, daß man sich hier auf dem Gebiet der Vernunft befinde. — Wo Kant zur Lösung der Geschmacksantinomie auf die Vernunft als den Schlüssel der Enträtselung kommt, da ist sie nichts als die unbestimmte Idee des Übersinnlichen in uns, das weiter nicht begreiflich gemacht werden könne, als ob er nicht selbst einen Begriff desselben in der Identität des Natur- und Freiheitsbegriffs gegeben hätte. Eine ästhetische Idee kann nach Kant keine Erkenntnis werden, weil sie eine Anschauung der Einbildungskraft ist, der niemals ein Begriff adäquat gefunden werden kann; eine Vernunftidee kann nie Erkenntnis werden, weil sie einen Begriff vom Übersinnlichen enthält, dem niemals eine Anschauung angemessen gefunden werden kann; jene eine inexponible Vorstellung der Einbildungskraft, diese ein indemonstrabler Begriff der Vernunft; — als ob nicht die ästhetische Idee in der Vernunftidee ihre Exposition, die Vernunftidee in der Schönheit dasjenige, was Kant Demonstration nennt, nämlich Darstellung des Begriffs in der Anschauung, hätte. Kant aber fordert gerade dasjenige, was die mathematischen Antinomien gründet, nämlich eine solche An/schauung für die

Vernunftidee, in welcher die Idee nebeneinander als rein Endliches und Sinnliches und zugleich auch als Übersinnliches, als ein Jenseits der Erfahrung erfahren, nicht in absoluter Identität das Sinnliche und Übersinnliche angeschaut, – und eine Exposition und Erkenntnis des Ästhetischen, in welcher das Ästhetische durch den Verstand exhauriert wäre. Weil in der Schönheit, als der erfahrnen, besser: angeschauten Idee, die Form der Entgegensetzung des Anschauens und des Begriffs wegfällt, so erkennt Kant dieses Wegfallen des Gegensatzes als ein Negatives in dem Begriff eines Übersinnlichen überhaupt, aber weder daß es als Schönheit positiv, angeschaut, oder, wie Kant spricht, für die Erfahrung gegeben ist, noch daß, indem das Prinzip der Schönheit als Identität des Natur- und Freiheitsbegriffs exponiert ist, das Übersinnliche, das intelligible Substrat der Natur außer uns und in uns, die Sache an sich – wie Kant das Übersinnliche definiert, wenigstens auf eine oberflächliche Weise erkannt; noch weniger, daß es einzig an dem perennierenden ein für allemal zum Grunde gelegten Gegensatze des Übersinnlichen und Sinnlichen liegt, daß das Übersinnliche weder als erkennbar noch als anschaubar gesetzt wird. Dadurch, daß das Vernünftige in dieser unverrückten Entgegensetzung, als Übersinnliches und absolut Negatives sowohl des Anschauens als des vernünftigen Erkennens festgehalten wird, erhält das Ästhetische ein Verhältnis zur Urteilskraft, und einer Subjektivität, für welche das Übersinnliche Prinzip einer Zweckmäßigkeit der Natur zu unserem Erkenntnisvermögen ist, aber dessen Anschauung sich nicht für die Idee und das Erkennen, noch dessen Idee für die Anschauung sich darstellt. Es wird also vom Übersinnlichen, insofern es Prinzip des Ästhetischen ist, wieder nichts gewußt; und das Schöne wird etwas, das sich allein auf das menschliche Erkenntnisvermögen und ein übereinstimmendes Spiel seiner mannigfaltigen Kräfte bezieht, also schlechthin etwas Endliches und Subjektives ist.

Die Reflexion über die objektive Seite, nämlich über die bewußtlose Anschauung der Realität der Vernunft, oder die organische Natur, in der Kritik der teleologischen Urteilskraft, spricht die Idee der Vernunft bestimmter als in dem vorigen Begriff eines harmonischen Spiels von Erkenntniskräften, nämlich in der Idee eines anschauenden Verstandes aus, für welchen Möglichkeit und Wirklichkeit Eins sind; für welchen Begriffe (die bloß auf die Möglichkeit eines Gegenstandes gehen) und sinnliche Anschauungen (welche uns etwas geben, ohne es dadurch doch als Gegenstand erkennen zu lassen) beide wegfallen; eines intuitiven Verstandes, welcher nicht vom Allgemeinen zum Besondern und so zum Einzelnen (durch Begriffe) gehe, für welchen die Zufälligkeit in der Zusammenstimmung der Natur in ihren Produkten nach besondern Gesetzen zum Verstande nicht angetroffen wird, in welchem als urbildlichem Verstande die Möglichkeit der Teile etc., ihrer Beschaffenheit und / Verbindung nach, vom Ganzen abhängen. Von dieser Idee erkennt Kant zugleich, daß wir notwendig auf sie getrieben werden; und die Idee dieses urbildlichen, intuitiven Verstandes ist im Grunde durchaus nichts anders als dieselbe Idee der transzendentalen Einbildungskraft, die wir oben betrachteten, denn sie ist anschauende Tätigkeit, und zugleich ist ihre innere Einheit gar keine andere, als die Einheit des Verstandes selbst, die Kategorie in die Ausdehnung versenkt, die erst Verstand und Kategorie wird, insofern sie sich von der Ausdehnung absondert; die transzendentale Einbildungskraft ist also selbst anschauender Verstand. Der Notwendigkeit dieser Idee, die hier nur als Gedanke vorkommt, ungeachtet, soll doch Realität von ihr nicht prädiziert werden, sondern wir sollen uns ein für allemal daran halten, daß Allgemeines und Besonderes unumgänglich notwendig unterschiedene Dinge, Verstand für Begriffe, und sinnliche Anschauung für Objekte, — zwei ganz heterogene Stücke sind. Die Idee ist etwas schlechthin Notwendiges und doch etwas Problematisches, für unser Erkenntnisvermögen ist nichts anzuerkennen, als die Form seiner Erscheinung in der (wie Kant es nennt) Ausübung, in welcher Möglichkeit und Wirklichkeit unterschieden werden; diese seine Erscheinung ist ein absolutes Wesen, das Ansich des Erkennens; als ob das nicht auch eine Ausübung des Erkenntnisvermögens wäre, wenn es als eine notwendige Idee denkt und erkennt einen Verstand, für welchen Möglichkeit und Wirklichkeit nicht getrennt, in welchem Allgemeines und Besonderes Eins ist; dessen Spontaneität zugleich anschauend ist. Kant hat keinen andern Grund als schlechthin die Erfahrung und die empirische Psychologie, daß das menschliche Erkenntnisvermögen seinem Wesen nach in dem bestehe, wie es erscheint, nämlich in jenem Fortgehen vom Allgemeinen zum Besondern oder rückwärts vom Besondern zum Allgemeinen; aber indem er selbst einen intuitiven Verstand denkt, auf ihn als absolut notwendige Idee geführt wird, stellt er selbst die entgegengesetzte Erfahrung von dem Denken eines nicht diskursiven Verstandes auf, und erweist, daß sein Erkenntnisvermögen erkennt, nicht nur die Erscheinung und die Trennung des Möglichen und Wirklichen in derselben, sondern die Vernunft und das An-sich. Kant hat hier beides vor sich, die Idee einer Vernunft, in welcher Möglichkeit und Wirklichkeit absolut identisch ist, und die Erscheinung derselben als Erkenntnisvermögen, worin sie getrennt sind; er findet in der Erfahrung seines Denkens beide Gedanken, in der Wahl zwischen beiden hat aber seine Natur die Notwendigkeit, das Vernünftige, eine anschauende Spontaneität zu denken, verachtet, und sich schlechthin für die Erscheinung entschlossen. — An und für sich, erkennt er, sei es möglich, daß der Mechanismus der Natur, das Kausalitätsverhältnis, und der teleologische Technizismus derselben Eins seien, / d. h. nicht daß sie durch eine ihr entgegengesetzte Idee bestimmt, sondern daß dasjenige, was nach dem Mechanismus als absolut getrennt, das eine als Ursache, das andere als Wirkung, in einem empirischen Zusammenhange der Notwendigkeit erscheint, in einer ursprünglichen Identität, als dem Ersten und absolut zusammenhängt; ungeachtet Kant dies nicht für unmöglich, also für eine Art der Betrachtung erkennt, so bleibt er doch bei derjenigen Betrachtungsart stehen, nach welcher sie schlechthin getrennt, und das sie Erkennende ein ebenso schlechthin zufälliges, absolut endliches und subjektives Erkenntnisvermögen, welches er menschliches Erkenntnisvermögen nennt, ist, und erklärt die Vernunfterkenntnis, für welche der Organismus, als reelle Vernunft, das obere Prinzip der Natur und Identität des Allgemeinen und Besondern ist, für transzendent. Er erkennt also auch in dem Spinozismus einen Idealismus der Endursachen in dem Sinne, als ob Spinoza der Idee der Endursachen alle Realität nehmen wolle, und als Erklärungsgrund der Zweckverknüpfung, die er nicht leugne, der Dinge der Natur bloß die Einheit des Subjekts nenne, dem sie alle inhärieren und bloß eine ontologische (soll heißen eine verständige) abstrakte Einheit (wie die Einheit, welche Kant Vernunft nennt) zum Prinzip mache, da doch die bloße Vorstellung der Einheit des Substrats auch nicht einmal die Idee von einer auch nur unabsichtlichen Zweckmäßigkeit bewirken könne. Hätte Kant bei der Spinozischen Einheit nicht seine Verstandeseinheit, die ihm theoretische und praktische Vernunft heißt, sondern seine Idee der Einheit eines intuitiven Verstands, als in welchem Begriff und Anschauung, Möglichkeit und Wirklichkeit Eins ist, gegenwärtig gehabt, so hätte er die Spinozische Einheit nicht für eine abstrakte, welche der Zweckmäßigkeit, d. h. einer absoluten Verknüpfung der Dinge entbehre, sondern für die absolut intelligible und an sich organische Einheit nehmen müssen, und würde diese organische Einheit, den Naturzweck, den er als ein Bestimmtsein der Teile durch das Ganze, als Identität der Ursache und Wirkung auffaßt, unmittelbar auf diese Weise vernünftig erkannt haben. Aber eine solche wahrhafte Einheit, eine organische Einheit eines intuitiven Verstandes soll ein für allemal nicht gedacht werden; nicht die Vernunft soll hier erkennen, sondern es soll durch Urteilskraft reflektiert, und das Prinzip derselben werden, zu denken, als ob ein Bewußtsein habender Verstand die Natur bestimmte; Kant erkennt sehr gut, daß dies keine objektive Behauptung, sondern nur etwas Subjektives ist, aber diese Subjektivität und Endlichkeit der Maxime soll das absolute Erkennen bleiben; an sich ist es nicht unmöglich, daß der Mechanismus mit der Zweckmäßigkeit der Natur zusammentrifft, sondern für uns Menschen ist es unmöglich; indem zur Erkenntnis dieses Zusammentreffens eine andre als sinnliche Anschauung und ein bestimmtes /

Erkenntnis des intelligiblen Substrats der Natur, woraus selbst von dem Mechanismus der Erscheinungen nach besondern Gesetzen Grund angegeben werden könne, erforderlich sein würde, welches alles unser Vermögen gänzlich übersteige.

Ungeachtet Kant selbst in der Schönheit eine andere Anschauung als die sinnliche, und indem er das Substrat der Natur als ein intelligibles bezeichnet, dasselbe als vernünftig und als identisch mit aller Vernunft, wie auch das Erkennen, in welchem Begriff und Anschauen sich trennen, für ein subjektives endliches Erkennen, ein Erkennen nach der Erscheinung erkannt hat, so soll es denn doch bei diesem endlichen Erkennen absolut bleiben; ungeachtet das Erkenntnisvermögen der Idee und des Vernünftigen fähig ist, doch schlechthin nicht nach derselben erkennen, sondern nur, wenn es nach der Erscheinung das Organische und sich selbst endlich erkennt, sich für absolut halten. So wie die wahrhaft spekulative Seite der Kantischen Philosophie allein darin bestehen kann, daß die Idee so bestimmt gedacht und ausgesprochen worden ist, und wie es allein interessant ist, dieser Seite seiner Philosophie nachzugehen, so viel härter ist es, das Vernünftige nicht etwa nur wieder verwirrt, sondern mit vollem Bewußtsein die höchste Idee verdirbt und die Reflexion und endliches Erkennen über sie erhoben werden zu sehen.

Aus dieser Darstellung ergibt sich kurz das transzendentale Wissen in dieser Philosophie, das, nachdem sich die Deduktion der Kategorien aus der organischen Idee der produktiven Einbildungskraft in das mechanische Verhältnis einer Einheit des Selbstbewußtseins, die im Gegensatz gegen die empirische Mannigfaltigkeit und für sie bestimmend oder über sie reflektierend ist, verliert, sich in ein formales Wissen selbst umwandelt; zu der Einheit des Selbstbewußtseins, welche zugleich die objektive Einheit, die Kategorie, formale Identität ist, zu dieser Einheit muß ein Plus des Empirischen, durch diese Identität nicht Bestimmten auf eine unbegreifliche Weise als ein Fremdes hinzutreten, und dies Hinzutreten eines B zur reinen Egoität heißt Erfahrung, oder das Hinzutreten des A zum B,

wenn B als das Erste gesetzt ist, vernünftig handeln; ein
A:A+B; das A in A+B ist die objektive Einheit des Selbstbewußtseins; B, das Empirische, der Inhalt der Erfahrung,
welches als ein Mannigfaltiges durch die Einheit A verbunden ist; aber für A ist B ein Fremdes, ein in A nicht Enthaltenes, und das Plus selbst, die Verbindung nämlich jenes
Verbindenden und dieses Mannigfaltigen, das Unbegreifliche; dies Plus war als produktive Einbildungskraft vernünftig erkannt worden, aber indem diese produktive Einbildungskraft Eigenschaft allein des Subjekts, des Menschen und seines Verstandes ist, verläßt sie selbst ihre Mitte, wodurch sie nur ist, was sie ist, und wird ein Subjektives. Es ist gleichgültig, jenes formale Wissen als ein Wissen
am Faden der Identität oder des Kausalzusammenhangs
fortlaufend vorzustellen; denn das A als Allgemeines, insofern es dem (A + B) als dem Besondern gegenüber stehend
gesetzt wird, ist die Ursache, oder wird darauf reflektiert,
daß in beiden Ein und dasselbe A enthalten ist, das als Begriff sich mit dem Besondern verbindet, so erscheint dieses
Kausalverhältnis als Identitätsverhältnis, nach der Seite,
von welcher die Ursache mit der Wirkung zusammenhängt,
d. h. von welcher sie Ursache ist, zu welcher Seite aber
noch ein anderes hinzutritt; und zu sagen, die Kausalverbindung gehört ganz dem analytischen Urteil an, oder es
wird in ihr zu absolut Entgegengesetzten übergegangen, ist
Eins und dasselbe.

Dieses formale Wissen hat also im Allgemeinen die Gestalt, daß seiner formalen Identität absolut eine Mannigfaltigkeit gegenüber steht; der formalen Identität, als an
sich seiend, nämlich ihr als Freiheit, praktischer Vernunft,
Autonomie, Gesetz, praktischer Idee u.s.w. steht gegenüber
absolut die Notwendigkeit, Neigungen und Triebe, Heteronomie, Natur u.s.w. Die mögliche Beziehung beider ist die
unvollständige Beziehung innerhalb der Grenzen eines absoluten Gegensatzes, ein Bestimmtwerden der mannigfaltigen Seite durch die Einheit; so wie ein Erfülltwerden der
Leerheit der Identität durch das Mannigfaltige; deren eines
zum andern, es sei tätig oder leidend, als ein Fremdes auf
eine formale Weise hinzutritt. Indem dieses formale Wissen

den Gegensatz in seiner ganzen Absolutheit bei den dürftigen Identitäten, die es zu Stande bringt, bestehen läßt, und das Mittelglied, die Vernunft, ihm fehlt, weil jedes der Glieder, so wie es in der Entgegensetzung ist, als ein Absolutes sein soll, so ist diese Mitte, und das Vernichtetwerden beider und der Endlichkeit ein absolutes Jenseits. Es wird erkannt, daß dieser Gegensatz notwendig eine Mitte voraussetzt, eben so daß er in ihr und sein Inhalt vernichtet sein müsse, aber nicht das wirkliche und wahrhafte Vernichten, sondern nur das Eingestehen, daß das Endliche aufgehoben werden sollte, nicht die wahrhafte Mitte, sondern gleichfalls nur das Eingestehen, daß eine Vernunft sein sollte, wird in einem Glauben gesetzt, dessen Inhalt selbst leer ist, weil außer ihm der Gegensatz, der als absolute Identität seinen Inhalt ausmachen könnte, bleiben soll, dessen Inhalt, wenn sein Charakter positiv ausgedrückt werden sollte, die Vernunftlosigkeit ist, weil er ein absolut ungedachtes, unerkanntes und unbegreifliches Jenseits ist.

Wenn wir dem praktischen Glauben der Kantischen Philosophie (nämlich dem Glauben an Gott, — denn die Kantische Darstellung des praktischen Glaubens an Unsterblichkeit entbehrt aller eigenen Seiten, von denen sie einer philosophischen Beachtung fähig wäre) etwas von dem unphilosophischen und unpopulären Kleide nehmen, womit er bedeckt ist, so ist darin nichts anders ausgedrückt als die Idee, daß die Vernunft zugleich absolute Realität habe, daß in dieser Idee aller Gegensatz der Freiheit und der Notwendigkeit aufgehoben, daß das unendliche Denken / zugleich absolute Realität ist, oder die absolute Identität des Denkens und des Seins. Diese Idee ist nun durchaus keine andere als diejenige, welche der ontologische Beweis, und alle wahre Philosophie als die erste und einzige, so wie allein wahre und philosophische erkennt. Das Spekulative dieser Idee ist freilich — von Kant in die humane Form umgegossen, daß Moralität und Glückseligkeit harmonieren, und, wenn diese Harmonie wieder zu einem Gedanken gemacht wird und dieser das höchste Gut in der Welt heißt, daß dieser Gedanke realisiert sei — so was Schlechtes, wie eine solche Moralität und Glückseligkeit; nämlich die Vernunft, wie sie im Endlichen tätig ist, und die Natur, wie sie im Endlichen empfunden wird, kann sich freilich zu nichts Höherem als einem solchen praktischen Glauben erschwingen, dieser Glaube ist gerade nur so viel, als das absolute Versenktsein in die Empirie braucht; denn er läßt ihr sowohl die Endlichkeit ihres Denkens und Tuns als die Endlichkeit ihres Genusses. Käme sie zum Schauen und zum Wissen, daß Vernunft und Natur absolut harmonieren und in sich selig sind, so müßte sie ihre schlechte Moralität, die nicht mit der Glückseligkeit, und die schlechte Glückseligkeit, die nicht mit der Moralität harmoniert, selbst für ein Nichts erkennen; aber es ist darum zu tun, daß beides Etwas, und etwas Hohes und absolut seien; aber so schmäht diese Moralität die Natur und den Geist derselben, als ob die Einrichtung der Natur nicht vernünftig gemacht, sie hingegen in ihrer Erbärmlichkeit, für welche der Geist des Universums freilich nicht sich organisiert hat, an sich und ewig wäre, und meint sich dadurch sogar zu rechtfertigen und zu ehren, daß sie im Glauben die Realität der Vernunft sich wohl vorstelle, aber nicht als etwas, das absolutes Sein habe; denn wenn die absolute Realität der Vernunft die wahrhafte Gewißheit hätte, so könnte das Endliche und das beschränkte Sein und jene Moralität keine Gewißheit noch Wahrheit haben.

Es ist aber zugleich nicht zu übersehen, daß Kant mit seinen Postulaten innerhalb ihrer wahrhaften und richtigen Grenze stehen bleibt, welche Fichte nicht respektiert; nach Kant selbst sind nämlich die Postulate und ihr Glauben etwas Subjektives; es ist nur die Frage, wie dies Subjektive genommen wird; ist nämlich die Identität des unendlichen Denkens und des Seins, der Vernunft und ihrer Realität etwas Subjektives? oder nur das Postulieren und Glauben derselben? der Inhalt oder die Form der Postulate? Der Inhalt kann es nicht sein, denn ihr negativer Inhalt ist ja unmittelbar das Aufheben alles Subjektiven; also ist es die Form; d. h. es ist etwas Subjektives und Zufälliges, daß die Idee nur etwas Subjektives ist; es soll an sich kein Postulieren, kein Sollen und kein Glauben sein; und das Postulieren der absoluten Realität der höchsten Idee ist etwas Unvernünftiges. Fichte hat diese Subjektivität des Postulierens und Glaubens und Sollens nicht anerkannt, sondern ihm ist dasselbe das Ansich. Unerachtet nun Kant dagegen anerkennt, daß das Postulieren und Sollen und / Glauben nur etwas Subjektives und Endliches ist, soll es denn doch dabei schlechthin, so wie bei jener Moralität bleiben; und daß es dabei bleiben soll, oder das an sich Schlechte der Sache, nämlich die Form des Postulierens ist ebendeswegen gerade das, was den allgemeinen Beifall findet.

Dieser Charakter der Kantischen Philosophie, daß das Wissen ein formales ist, und die Vernunft als eine reine Negativität ein absolutes Jenseits, das als Jenseits und Negativität bedingt ist durch ein Diesseits und Positivität, [daß] Unendlichkeit und Endlichkeit beide mit ihrer Entgegensetzung gleich absolut sind, ist der allgemeine Charakter der Reflexions-Philosophien, von denen wir sprechen; die Form, in der die Kantische sich vorträgt, und die lehrreiche und gebildete Ausdehnung, welche sie hat, so wie die Wahrheit innerhalb der Grenzen, die sie aber nicht nur sich, sondern der Vernunft überhaupt macht, so wie die interessante Seite abgerechnet, von welcher sie auf wahrhaft spekulative Ideen, aber als auf Einfälle und bloße unreelle Gedanken kommt, ist ihr eigentümlich, daß sie ihre absolute Subjektivität in objektiver Form, nämlich als Begriff und Gesetz aufstellt, und die Subjektivität ist allein durch ihre Reinheit fähig, in ihr Entgegengesetztes, die Objektivität überzugehen, also von beiden Teilen der Reflexion, dem Endlichen und Unendlichen, das Unendliche über das Endliche erhebt, und hierin das Formelle der Vernunft wenigstens geltend macht. Ihre höchste Idee ist die völlige Leerheit der Subjektivität, oder die Reinheit des unendlichen Begriffs, der zugleich in der Verstandessphäre als das Objektive gesetzt ist, doch hier mit Dimensionen der Kategorien; in der praktischen Seite aber als objektives Gesetz; in der Mitte zwischen beiden Seiten aber, einer von Endlichkeit affizierten und einer reinen Unendlichkeit, ist die Identität des Endlichen und Unendlichen selbst wieder nur in der Form des Unendlichen als Begriff gesetzt, und die wahrhafte Idee bleibt eine absolut subjektive Maxime, teils für das Reflektieren, teils für das Glauben, nur ist sie nicht für die Mitte des Erkennens und der Vernunft.

B. JACOBISCHE PHILOSOPHIE

Die Jacobische Philosophie hat mit der Kantischen Philosophie das Gemeinschaftliche der absoluten Endlichkeit, derselben in ideeller Form als formalen Wissens, in reeller als eines absoluten Empirismus, – und des Integrierens beider durch den ein absolutes Jenseits setzenden Glauben. Sie bildet aber innerhalb dieser gemein/schaftlichen Sphäre den entgegengesetzten Pol zu der Kantischen Philosophie, in welcher Endlichkeit und Subjektivität eine objektive Form des Begriffs hat, die Jacobische macht dagegen die Subjektivität ganz subjektiv zur Individualität; dies Subjektive des Subjektiven gewinnt, als solches, wieder ein inneres Leben, und scheint damit der Schönheit der Empfindung fähig zu werden.

Wir betrachten zuerst die Subjektivität des Wissens, dessen formale Seite Jacobi unmittelbar mit Bewußtsein und in der Abstraktion erkennt und rein darstellt; so wie er positiv das Wissen in dieser Form allein behauptet, und die Objektivität der Vernunft im Wissen leugnet, ebenso macht er, wo er polemisiert, dieses Wissen geltend und bestreitet die Wissenschaft der Vernunft durch dasselbe.

Daß Jacobi allenthalben nur von formalem Wissen weiß, von einer Verstandesidentität, deren Inhalt durch Empirie erfüllt wird, von einem Denken, zu welchem die Realität überhaupt auf eine unbegreifliche Weise hinzukommt, ist einer der wenigen, oder eigentlich der einzige Punkt, worüber die Jacobische Philosophie objektiv ist und der Wissenschaft angehört; und dieser Punkt ist in deutlichen Begriffen vorgestellt. Meine Philosophie, sagt Jacobi (*David Hume. Vorrede.* S. V), schränkt die Vernunft, für sich allein betrachtet, auf das bloße Vermögen, Verhältnisse deutlich wahrzunehmen, d. i. den Satz des Widerspruchs zu formieren und darnach zu urteilen, ein; nun muß ich aber eingestehen, daß die Bejahung bloß identischer Sätze allein apodiktisch sei, und eine absolute Gewißheit mit sich führe. Eben so (*Briefe über Spinoza.* S. 215f.): Die Überzeugung aus Gründen ist eine Gewißheit aus der zweiten Hand (die erste Hand ist der Glaube, wovon nachher); Gründe sind nur Merkmale der Ähnlichkeit mit einem Dinge, dessen wir gewiß (nämlich durch Glauben) sind; die Überzeugung, welche sie hervorbringen, entspringt aus Vergleichung, und kann nie recht sicher und vollkommen sein. Eine der fünf Thesen (ebend. S. 225) des Inbegriffes seiner Behauptungen ist: Wir können nur Ähnlichkeiten demonstrieren; — denn Demonstration ist Fortschritt in identischen Sätzen; — und jeder Erweis setzt etwas schon Erwiesenes zum Voraus, wovon das Prinzip nur Offenbarung ist; vergl. S. 421: Das Geschäfte der Vernunft überhaupt ist progressive Verknüpfung; und ihr spekulatives Geschäft Verknüpfung nach erkannten Gesetzen der Notwendigkeit; — die wesentliche Unbestimmtheit menschlicher Sprache und Bezeichnung und das Wandelbare sinnlicher Gestalten läßt aber fast durchgängig diese Sätze ein äußerliches Ansehen gewinnen, als sagten sie etwas mehr, als das bloße: **quicquid est, illud est;** mehr als ein bloßes Faktum aus, welches wahrgenommen, beobachtet, verglichen, wieder erkannt, und mit anderen Begriffen verknüpft wurde. Siehe auch S. 238, auch *David Hume* S. 94. /

Das notwendige Gegenstück zu dem Satze der Identität ist der Satz des Grundes, es werde nun darunter der Satz des Grundes überhaupt, oder der Satz der Ursache und Wirkung oder einer Vereinigung von beiden, nach den Jacobischen Unterscheidungen (*Briefe über Spinoza.* S. 415) verstanden; und in Ansehung der Materie werde er betrachtet, insofern von Begriffen zu Begriffen, oder vom Begriff zu seiner Realität, oder von objektiven Realitäten zu andern fortgegangen wird.

Die ältere philosophische Bildung hat in den Ausdruck des Satzes des Grundes das Zeugnis ihrer vernünftigen Bestrebungen niedergelegt; und sein Schwanken zwischen Vernunft und Reflexion, so wie sein Übergang zur letztern bezeichnet sich sehr treffend in der Unterscheidung, welche Jacobi zwischen ihm als logischem Satze des Grundes und als Kausalverhältnis macht, und an welcher er sowohl den Weg des Verständnisses als des Bekämpfens der Philosophie macht, dem wir nachgehen wollen. Jacobi erkennt im Satze des Grundes seine Bedeutung als Prinzips der vernünftigen Erkenntnis, **totum parte prius esse necesse est** (*David Hume.* S. 94), oder das Einzelne ist nur im Ganzen bestimmt, es hat seine Realität nur in der absoluten Identität, die, insofern Unterscheidbares in ihr gesetzt ist, absolute Totalität ist. In einer Beziehung, sagt Jacobi, sei das **totum parte prius esse necesse est** nichts anders als **idem est idem**, in anderer aber nicht; und hiervon, daß diese beiden Beziehungen wesentlich unterschieden, absolut auseinander gehalten werden sollen, fängt sogleich dieser Grund-Dogmatismus an. Jacobi begreift nämlich den Satz des Grundes als reinen Satz des Widerspruchs, und nennt ihn in diesem Sinne logisch, als abstrakte Einheit, zu welcher es freilich notwendig ist, daß das Differente als ein Empirisches hinzutrete, und unterscheidet ein ursächliches Verhältnis, in welchem auf das Heterogene, das zur Identität des Begriffs hinzukommt, und das ein empirisch Gegebenes ist, reflektiert wird und behauptet das ursächliche Verhältnis nach dieser Eigentümlichkeit als einen Erfahrungsbegriff. Die Art, wie er dies dartut, *David Hume.* S. 99f., und worauf er sich *Briefe über Spinoza.* S. 415 beruft, ist ein merkwürdiges Stück des Lockeschen und Humeschen Empirismus, in welchen ein ebenso grelles Stück von deutschem analysierendem Dogmatismus, schlimmer als nach Mendelssohnscher Art, hineingeknetet ist, von welcher befreit worden zu sein die Welt den Göttern, nächst Kanten nicht genug danken kann. Im Satze des Grundes, und in der Totalität nämlich vermißt Jacobi die Teile, und er hat sich diese noch außer dem Ganzen irgend woher zu holen, oder, wie er dies begreift, alle Teile sind zu einem Ganzen wirklich schon vereinigt und darin vorhanden, aber eine solche intuitive Erkenntnis der Teile aus dem Ganzen ist nur etwas Subjektives und Unvollständiges, denn es fehlt noch das objektive Werden, und die Sukzession, und um dieser willen muß zu / der Totalität noch das Kausalverhältnis hinzukommen. Man höre nun die Deduktion der, wie Jacobi es nennt, absoluten Notwendigkeit des Begriffs von Ursache und Wirkung, und von Sukzession (*David Hume*. S. 111ff.) in folgender Reihe von Sätzen:

„Zu unserem menschlichen Bewußtsein, und ich darf nur gleich hinzusetzen, zu dem Bewußtsein eines jeden endlichen Wesens ist außer dem empfindenden Dinge, noch ein wirkliches Ding, welches empfunden wird, notwendig.

Wo zwei erschaffene Wesen, die außereinander sind, in solchem Verhältnisse gegeneinander stehen, daß eins in das andere wirkt, da ist ein ausgedehntes Wesen.

Wir fühlen das Mannigfaltige unseres Wesens in einer reinen Einheit verknüpft, welche wir unser Ich nennen; das Unzertrennliche in einem Wesen bestimmt seine Individualität, oder macht es zu einem wirklichen Ganzen; etwas der Individualität einigermaßen Analoges nehmen wir in der körperlichen Ausdehnung überhaupt wahr, indem das ausgedehnte Wesen, als solches, nie geteilt werden kann, sondern überall dieselbige Einheit, die eine Vielheit unzertrennlich in sich verknüpft, vor Augen stellt.

Wenn Individua auch das Vermögen haben, außer sich zu wirken, so müssen sie, wenn die Wirkung erfolgen soll, andere Wesen mittelbar oder unmittelbar berühren.

Die unmittelbare Folge der Undurchdringlichkeit bei der Berührung nennen wir den Widerstand; wo also Berührung ist, da ist Undurchdringlichkeit von beiden Seiten; folglich auch Widerstand; Wirkung und Gegenwirkung; beides ist die Quelle des Sukzessiven und der Zeit, der Vorstellung desselben."

Aus der Voraussetzung also, daß einzelne sich selbst offenbare Wesen, die in Gemeinschaft mit einander stehen, vorhanden sind, hat sich diese Deduktion der Begriffe von Ausdehnung, von Ursache und Wirkung, und von Sukzession, oder die Deduktion des Absolutseins der Endlichkeit ergeben; und zugleich ist damit herausgebracht, daß diese Begriffe allen endlichen sich selbst offenbaren Wesen gemein sein müssen, und auch in den Dingen an sich ihren vom Begriffe unabhängigen Gegenstand, folglich eine wahre objektive Bedeutung haben.

„Dergleichen Begriffe nämlich, die in jeder Erfahrung vollständig und dergestalt als das Erste gegeben sein müssen, daß ohne ihr Objektives kein Gegenstand eines Begriffs, und ohne ihren Begriff überhaupt keine Erkenntnis möglich wäre, heißen schlechterdings allgemeine oder notwendige Begriffe, und die aus ihnen entspringenden Urteile und Schlüsse Erkenntnisse a priori."

Wir sehen, daß diese Deduktion das Kausalverhältnis in seinem ganzen Umfang betreffen, und hier etwas Bündigeres geliefert werden sollte als die Kantische Deduktion; diese Jacobische Deduktion aber verdient so wenig den Namen einer Deduktion, daß sie nicht einmal eine gemeine Analyse des Vorausgesetzten, nämlich des Begriffs der Gemeinschaft einzelner Dinge, genannt werden kann; es ist schon etwas, / wovor alle Spekulation erschrickt, nämlich das Absolutsein eines menschlichen Bewußtseins und eines empfindenden Dings, und eines empfundenen Dings und ihrer Gemeinschaft, geradezu aus dem gemeinsten Empirismus heraus vorausgesetzt; durch überflüssige Mittelbegriffe werden sie endlich zur Wirkung und Gegenwirkung zusammen analysiert, und dies ist, hier geht auch das Analysieren aus, die Quelle des Sukzessiven. Man sieht gar nicht, wozu solch hohes Kunststück nützlich sein soll; denn schon mit der unanalysierten absoluten Annahme eines empfindenden Dings, und eines Dings, das empfunden wird, ist alle Philosophie aus dem Feld geschlagen. Merkwürdig ist der Unterschied der Voraussetzung und des Resultats von dem Resultat der Kantischen Deduktion der Kategorie; nach Kant sind alle diese Begriffe, von Ursache und Wirkung, Sukzession u.s.w. schlechthin auf die Erscheinung eingeschränkt; die Dinge, in welchen diese Formen objektiv sind, sowohl als eine Erkenntnis dieser Objekte ist schlechthin nichts an sich; das An-sich und die Vernunft werden schlechthin über diese Formen der Endlichkeit erhoben, und von ihnen rein erhalten; ein Resultat, womit Kanten den Anfang einer Philosophie überhaupt gemacht zu haben, das unsterbliche Verdienst bleibt. Aber in diesem

Nichts der Endlichkeit ist es gerade, worin Jacobi ein absolutes An-sich sieht, und mit dem Traum dieser Waffe das Wachen des Spinoza bekämpft.

Wenn wir oben die Unvollkommenheit der Kantischen Annihilation des Verstandes darin setzten, daß er ihn mit seinen Formen zwar zu etwas Subjektivem, aber in dieser Gestalt doch zu etwas Positivem und Absolutem macht, so findet dagegen Jacobi, nachdem er Wirkung und Gegenwirkung, Sukzession, Zeit u.s.w. so glücklich aus der Gemeinschaft endlicher Dinge herausgebracht hatte, daß man „damit diese Grundbegriffe und Urteile von der Erfahrung unabhängig werden, sie nicht zu Vorurteilen des Verstandes zu machen brauche, von denen wir geheilt werden müssen, indem wir erkennen lernen, daß sie sich auf nichts an sich beziehen, folglich keine wahre objektive Bedeutung haben; denn die Grundbegriffe und Urteile verlieren weder von ihrer Allgemeinheit noch von ihrer Notwendigkeit, wenn sie aus dem, was allen Erfahrungen gemein sein und ihnen zum Grunde liegen muß, genommen sind; sie gewinnen vielmehr einen weit höhern Grad von unbedingter (hat das Unbedingte Grade?) Allgemeinheit, wenn sie nicht bloß für den Menschen und seine eigentümliche Sinnlichkeit geltend, sondern aus dem Wesen und der Gemeinschaft einzelner Dinge überhaupt können hergeleitet werden. — Wenn aber unsere Sinne uns gar nichts von den Beschaffenheiten der Dinge lehren, nichts von ihren gegenseitigen Verhältnissen und Beziehungen, ja nicht einmal, daß sie im transzendentalen Verstande wirklich vorhanden sind: und wenn unser Verstand sich bloß auf eine solche gar nichts von den Dingen selbst darstellende, objektiv / platterdings leere Sinnlichkeit bezieht, um durchaus subjektiven Anschauungen, nach durchaus subjektiven Regeln, durchaus subjektive Formen zu verschaffen: so bin ich Alles, und außer mir im eigentlichen Verstande Nichts; und Ich, mein Alles, bin denn auch am Ende doch nur ein leeres Blendwerk von Etwas; die Form einer Form; ein Gespenst; — ein solches System rottet alle Ansprüche an Erkenntnis der Wahrheit bis auf den Grund aus, und läßt für die wichtigsten Gegenstände nur einen solchen blinden ganz erkenntnisleeren Glauben übrig, wie man den Menschen bisher noch keinen zugemutet hat." — Es ist hier wohl zu unterscheiden, daß nur darin, daß Kant das Vernünftige als solches verkennt, sein erkenntnisleerer Glaube liegt, nicht aber in seiner großen Theorie, daß der Verstand nichts an sich erkennt. Dasjenige, womit hingegen Jacobi die menschliche Erkenntnis bereichert, sind solche Dinge, wie das Absolutsein der endlichen Dinge und ihrer Gemeinschaft, der Zeit und der Sukzession, und des Kausalzusammenhangs, die auch (S. 119 *Hume*) in den Dingen an sich ihren vom Begriffe unabhängigen Gegenstand haben. Aber daß solche Absoluta der objektiven Endlichkeit negiert, und als Nichts an sich erkannt würden, und konsequenterweise eben so die subjektive Endlichkeit, das sinnliche und reflektiertdenkende Ich, mein Alles, auch nur ein leeres Blendwerk von Etwas an sich wäre — daß mein endliches Alles eben so gut vor der Vernunft zu Grunde geht, als das Alles des objektiven Endlichen, das ist für Jacobi das Entsetzliche und Schauderhafte; die Verabscheuung der Vernichtung des Endlichen ist eben so fixiert, als das Korrespondierende, die absolute Gewißheit des Endlichen, und wird sich als der Grundcharakter der Jakobischen Philosophie durchaus erweisen. Man könnte es zunächst für eine Verbesserung der Kantischen Deduktion halten, daß Jacobi Sukzession und Kausalzusammenhang, als Verhältnis überhaupt, nämlich als eine bloß relative auf endliche Dinge eingeschränkte Beziehung begreift, und in der Deduktion derselben, wenn das Obenangeführte anders eine Deduktion wäre, nicht bloß wie Kant von einem bewußten, sondern von einem bewußtlosen Verstande zugleich ausgeht; allein nicht zu erwähnen, daß das Verhältnis subjektiv betrachtet, oder der bewußte Verstand, und eben dasselbe objektiv betrachtet, oder als Verstand, Verhältnis der Dinge, völlig unabhängig und dualistisch nebeneinander stehen, und Kant das Verhältnis wenigstens schlechthin nur als Eines, ohne einen Unterschied eines subjektiven Verstandes und eines besonderen objektiven, und wenn wir den Verstand bei Kant auch als ein Subjektives begreifen müssen, doch kein äußeres fremdes Verhältnis von Dingen, und also nur Einen Verstand, worin doch wenigstens das Formale der Philosophie ausgedrückt ist, hat; so ist das wichtigste Resultat Kants immer das, daß diese Verhältnisse des Endlichen (es seien nun Verhältnisse des Subjektiven allein, oder Verhältnisse zugleich der Dinge) nichts an sich, das Erkennen nach ihnen nur / ein Erkennen von Erscheinungen ist (obgleich über dieses nicht hinausgegangen werden soll, und es daher absolut wird). Das Apriorische der Jacobischen Verhältnisse besteht hingegen darin, daß sie auch den Dingen an sich zukommen, das heißt, daß die endlichen Dinge, das empfindende Ding, und außer diesem das wirkliche Ding, welches empfunden wird, Dinge an sich, und die Verhältnisse solcher Dinge, die Sukzession, Kausalzusammenhang, Widerstand u.s.w. wahrhafte Vernunftverhältnisse oder Ideen sind; so daß also die scheinbare Verbesserung, nach welcher die Verhältnisse nicht ein bloß Subjektives des bewußten Verstandes, sondern auch ein Objektives, Bewußtloses wären, in Wahrheit einen absoluten Dogmatismus und Erhebung des Endlichen zu einem An-sich konstituiert.

Die Anwendung nun, welche Jacobi von dem Begründen des Absolutseins des Endlichen, welches durch die wichtige Unterscheidung des Satzes des Grundes und der Kausalität sich ergab, auf das System Spinozas macht, hat zweierlei Formen, einmal, daß der Begriff der Sukzession in ihm fehle, das andremal, daß er im Grunde doch vorhanden sei, aber in der Ungereimtheit einer ewigen Zeit.

Was das Fehlen der Zeit betrifft, so faßt Jacobi die Philosophie Spinozas auf, daß Spinoza eine natürliche Erklärung des Daseins endlicher und sukzessiver Dinge habe zu Stande bringen wollen. Aber indem er die Dinge dem Vernunftbegriffe nach als zugleich vorhanden — denn im Vernunftbegriffe ist kein Vorher und Nachher, sondern alles notwendig und zugleich — und das Universum auf ewige Weise erkannte, so habe er den Fehler begangen, den Satz des Grundes ganz allein logisch zu nehmen, und dadurch keine objektive und wirkliche, sondern nur eine subjektive und idealische Sukzession statuiert; die auch nicht einmal idealisch vorhanden sein könnte, wenn ihr nicht eine wirkliche Sukzession in dem Subjekt, welches sie in dem Gedanken erzeugt, zum Grunde läge; in dem logischen Satze des Grundes sei die Sukzession selbst das Unbegreifliche. —

Es ist nichts zu sagen über eine solche psychologische Erinnerung, daß eine subjektive und idealische Sukzession eine wirkliche Sukzession in dem Subjekt voraussetze; es ist damit teils gar nichts gesagt, teils etwas Falsches, da nämlich die idealische Sukzession sich auf die mathematischen Gleichnisse des Spinoza bezieht, wovon nachher die Rede sein wird, und ihrer Wahrheit nach nur darum etwas Reelles sein kann, daß sie das absolute Zugleich der Totalität und gar keine Sukzession ist. Dies absolute Zugleich aber der Totalität, und die Erkenntnis der Dinge, wie sie auf eine nicht zeitliche, sondern ewige Weise sind, schreibt Jacobi dem Satze des Grundes und der Vernachlässigung des Kausalitätsgesetzes, und zwar dasselbe so verstanden, daß Zeit in ihm gesetzt ist, zu; und daß diese Kausalität und die Zeit nicht vernachlässigt werden dürfe, davon ist der absolute Grund darin, daß nach Jacobi die Zeit an sich und absolut ist, und der Satz des Grundes, oder die Totalität heißt bei Jacobi darum logisch, weil in ihm Ursache und Wirkung zugleich, und keine Zeit gesetzt ist. Ver/gesse man aber den Satz der Kausalität und seine Verschiedenheit vom Satze des Grundes nicht, so sitze man in der Zeit unbeweglich fest, und dies ist bei Jacobi absolute Forderung; wenn Jacobi so angelegentlich seine Unterschiede nicht zu vergessen ermahnt, weil durch den Vernunftbegriff, in dem kein Vorher und Nachher, sondern alles notwendig und zugleich ist, das Unglück entstehe, daß in der höchsten Idee, in der Idee des Ewigen die Endlichkeit und Zeit und Sukzession verloren gehe, so gleicht wahrhaftig ein solches Abmahnen dem bekannten Winken der ehrlichen Reichsstadtwache, die dem anrückenden und Feuer gebenden Feinde zurief, nicht zu schießen, weil es Unglück geben könnte, — als ob ein solches Unglück es nicht gerade wäre, worauf man ausginge.

Jacobi hatte daraus, daß im Vernunftbegriff alles zugleich ist, den einfachen und richtigen Schluß gezogen, daß wir hiernach anzunehmen gezwungen seien, daß in der Natur alles zugleich und was wir Sukzession nennen, eine bloße Erscheinung ist; wie Jacobi sich auf das Finden dieses, wie er ihn nennt, paradoxen Satzes — von dem er verwundert ist, daß Mendelssohn der erste gewesen sei, der es unbedenklich gefunden habe, ihn zuzugeben (Folge und Dauer sind, sagt Mendelssohn sehr gut, notwendige Bestimmungen des eingeschränkten Denkens), da Jacobi ihn hingegen gegen die andern Philosophen (!) denen er ihn vorlegte, zu verteidigen gehabt, und den er nicht im Ernste, sondern nur als eine notwendige Folge des Satzes des Grundes vorgetragen habe — als auf seine Entdeckung etwas zu Gute tun konnte, als auf einen Satz, der nicht Spinoza angehöre, ist eigentlich unbegreiflich. Konnte denn Jacobi, Spinozas Kommentator, etwa von Spinoza meinen, dieser habe die Zeit in Gott gesetzt, und sie gehöre nach ihm auch nur zu der **natura naturata**? Wir werden wirklich sogleich sehen, daß, nachdem Jacobi gefolgert hatte, Spinoza müsse die Zeit eigentlich für bloße Erscheinung erklären, er doch die Zeit, und zwar in der Ungereimtheit einer ewigen Zeit in Spinoza findet. Wenn in den wenigen Stellen, wo er z. B. im zweiten Buch der *Ethik*, und in den *Briefen* auf diese untergeordnete Form der Sukzession beiläufig zu sprechen kommt, und die unendliche Reihe endlicher Dinge unter dieser Form der Abstraktion absondert, nicht denken, sondern **imaginari** von ihr gebraucht, und sie bestimmt genug ein **auxilium imaginationis** nennt, so kannte doch Jacobi wohl den Spinozischen Unterschied von **intellectus** und **imaginatio**. Das absolute Zugleich, und daß Gott nicht die vorübergehende, sondern die ewige Ursache der Dinge ist, und sie außer Gott also auch in der Zeit, und die Zeit selbst nichts an sich ist, jede Zeile in Spinozas System macht den Satz, daß Zeit und Sukzession bloße Erscheinung ist, zu einer solchen Trivialität, daß nicht die mindeste Spur von Neuheit und Paradoxie darin zu sehen ist. Jacobi führt (*Briefe / über Spinoza.* S. 409) an, daß es Spinozas Überzeugung war, es müsse alles nur **secundum modum, quo a rebus aeternis fluit**, betrachtet werden, und Zeit, Maß und Zahl als von diesem **Modo** abgesonderte

Vorstellungsarten, folglich als Wesen der Einbildung. Wie soll denn doch dem Spinoza jener Satz nicht angehören? Für Jacobi ist jener Satz so paradox, daß er ihn nicht nur nicht im Ernste behauptete, sondern aus dieser endlichsten Form der Endlichkeit schlechterdings etwas Absolutes macht, und die ganze Widerlegung Spinozas darauf gründet, daß dieser den Satz des Grundes nicht so gefaßt habe, daß die Zeit darin sei, und die Täuschung Spinozas über die Philosophie — daraus erklärt, so wie er selbst um dieser Endlichkeit willen das Unternehmen der Vernunft als unmöglich und zufällig erkennt.

Jacobi findet aber wirklich die Inkonsequenz bei Spinoza, daß er die Zeit als Etwas an sich gesetzt habe, er findet in der unendlichen Reihe von einzelnen Dingen, deren Eins nach! dem andern zur Wirklichkeit gekommen war, im Grunde (wo ist dieser Grund?) eine ewige Zeit, eine unendliche Endlichkeit; und diese ungereimte Behauptung lasse sich durch keine mathematische Figur auf die Seite räumen, sondern hier habe sich Spinoza durch seine Imagination betrügen lassen.

Wir wollen zuerst Spinozas unendliche Reihe endlicher Dinge, dann die ewige Zeit, welche Jacobi daraus macht, und die Unstatthaftigkeit der mathematischen Gleichnisse beleuchten.

Eben das **infinitum actu**, welches Spinoza im 29. Brief, auf den Jacobi auch Rücksicht nimmt, erläutert, und von welchem Spinoza sagt, daß diejenigen, welche die Dinge der Einbildungskraft, Zahl, Maß und Zeit mit den Dingen selbst vermischen, weil sie die wahre Natur der Dinge nicht kennen, es leugnen, ist es, was Jacobi mit dem Unendlichen der Imagination vermischt. Das Unendliche definiert Spinoza (**Ethica. Pars I. Propositio VIII. Scholium I**) als die absolute Affirmation der Existenz irgend einer Natur; das Endliche im Gegenteil als eine teilweise Verneinung. Diese einfache Bestimmung macht also das Unendliche zum absoluten sich selbst gleichen unteilbaren wahrhaften Begriff, welcher das Besondere oder Endliche seinem Wesen nach zugleich in sich schließt, und einzig und unteilbar ist, und diese Unendlichkeit, in welcher nichts verneint und bestimmt ist, nennt Spinoza die Unendlichkeit des Verstands; es ist die Unendlichkeit der Substanz, und ihr Erkennen die intellektuelle Anschauung, in welcher als der intuitiven Erkenntnis nicht, wie im leeren Begriff und der Unendlichkeit der Abstraktion, das Besondere und Endliche ausgeschlossen und entgegengesetzt ist; und dieses Unendliche ist die Idee selbst. Dagegen entsteht das Unendliche der Einbildungskraft auf eine ganz andere Weise; nämlich, wie Spinoza sich ausdrückt, die Existenz und Dauer der **modo-** **rum** können wir, wenn wir nicht auf die Ordnung der Natur selbst, sondern auf ihr besonderes Wesen, insofern / ihr Begriff nicht der Begriff der Substanz selbst ist, sehen, nach Belieben bestimmen und teilen; und wenn wir die Quantität von der Substanz, die Dauer aber von der Weise, nach welcher sie aus den ewigen Dingen fließt, abstrahiert begreifen, so entsteht uns Zeit und Maß. Oder durch das, was Spinoza Einbildungskraft nennt, oder überhaupt durch Reflexion ist erst Endliches gesetzt, wird zum Teil negiert; und dies zum Teil Negierte, für sich gesetzt und entgegengesetzt dem an sich nicht Negierten, schlechthin Affirmativen, macht dies Unendliche selbst zu einem zum Teil Negierten, oder zu einer Abstraktion, zur Kantischen reinen Vernunft und Unendlichkeit, indem dasselbe in den Gegensatz gebracht wird; und als die absolute Identität beider ist das Ewige zu setzen, in welchem dieses Unendliche und jenes Endliche nach ihrem Gegensatze wieder vernichtet sind. Ein anderes aber ist es, wenn das Abstrahierte, Endliche oder Unendliche bleibt, was es ist, und jedes in die Form des Entgegengesetzten aufgenommen werden soll; hier ist eins bestimmt als nicht seiend, was das andere ist, und jedes als gesetzt, und nicht gesetzt, als dies Bestimmte seiend, und als seiend ein anderes; und ein so Gesetztes läuft in die empirische Unendlichkeit hinaus; die Dauer als allein durch Einbildung gesetzt, ist ein Zeitmoment, ein Endliches, und als solcher fixiert ein zum Teil Negiertes, an und für sich zugleich bestimmt als seiend ein anderer; dieser andere, der eben so durch die Einbildung seine Wirklichkeit erhält, ist eben so ein anderer; diese Negation, die bleibt was sie ist, durch die Einbildung positiv gemacht, gibt das empirisch Unendliche, das heißt einen absoluten, unaufgelösten Widerspruch.

Diese empirische Unendlichkeit, die nur gesetzt ist, insofern einzelne Dinge gesetzt werden (Ethica. Pars I. Propositio XXVIII) — einzelne Dinge, welche hingegen Jacobi als ein empfindendes Ding, und als ein Ding, das empfunden wird, oben in seiner Deduktion absolut setzte, aber sind an sich schlechthin nichts — gibt Jacobi dem Spinoza ohne weiteres Schuld, da kein Philosoph entfernter war, als er, so etwas anzunehmen, denn mit dem nicht Ansichsein der endlichen Dinge fällt unmittelbar solche empirische Unendlichkeit und die Zeit hinweg; Jacobi sagt, Spinoza versichere, es läge bloß an unserer Imagination, wenn wir uns eine unendliche Reihe **aufeinander folgender, objektiv und wirklich auseinander entspringender einzelner Dinge**, als eine ewige Zeit vorstellen; aber wie sollte denn Spinoza eine unendliche Reihe **aufeinander folgender, objektiv und wirklich auseinander entspringender einzelner Dinge**, als etwas an sich Seiendes, und nach der Wahrheit betrachtet, haben gelten lassen; der Fehler liegt schon an dieser Reihe einzelner und aufeinander folgender Dinge, welche Jacobi als ein Absolutes ansieht, und es ist Jacobi, der das Einzelne und die Zeit in die Unendlichkeit des Spinoza hineinträgt. Eine Idee ist, insofern sie von ihrer negativen Seite gegen die / Einbildung oder die Reflexion betrachtet wird, darum Idee, weil sie von der Einbildung oder der Reflexion in eine Ungereimtheit verwandelt werden kann; dieser Verwandlungs-Prozeß ist der einfachste; die Einbildung oder Reflexion geht allein auf einzelne Dinge, oder auf Abstraktionen und Endliches, und diese gelten ihr als absolut; in der Idee aber wird diese Einzelheit und Endlichkeit dadurch vernichtet, daß das Entgegengesetzte der Reflexion oder der Einbildung, das ideell oder empirisch Entgegengesetzte, als Eins gedacht wird; so viel kann die Reflexion begreifen, daß hier Dinge, die sie als besondere setzt, als identisch gesetzt werden, aber nicht, daß sie damit zugleich vernichtet sind; denn eben indem sie nur tätig ist, sind ihre Produkte absolut; indem sie also beides, die Identität dessen, was für sie nur ist, indem es getrennt ist, und das absolute Bestehen desselben in dieser Identität setzt, so hat sie glücklich eine Ungereimtheit gefunden. So setzt Jacobi das Abstraktum der Zeit, und das Abstraktum eines einzelnen Dings, Produkte der Einbildung und der Reflexion, als an sich seiend, und findet, daß wenn das absolute Zugleich der ewigen Substanz gesetzt wird, das einzelne Ding und die Zeit, die nur sind, insofern sie von ihr weggenommen waren, ebenfalls mitgesetzt werden, — aber reflektiert nicht darauf, daß sie, indem sie der ewigen Substanz, von der sie genommen sind, wieder gegeben werden, aufhören das zu sein, was sie nur von ihr abgerissen sind; er behält also in der Unendlichkeit und Ewigkeit selbst Zeit und Einzelheit und Wirklichkeit.

Wenn damit, daß die Zeit nichts an sich ist, und daß sie in der Ewigkeit verloren geht, die beliebte Tendenz des Erklärens nicht zufrieden ist, und Jacobi dem Spinoza zumutet, daß er mit seiner Philosophie eine **natürliche Erklärung des Daseins endlicher und sukzessiver Dinge** habe zu Stande bringen wollen, so ergibt sich aus dem Obigen, was eigentlich eine Erklärung der Zeit ist, nämlich eine Abstraktion, die in einer ewigen Idee gemacht wird; die Abstraktion der Zeit konnte also Jacobi unmittelbar an der Totalität oder dem Satze des Grundes machen, und sie auf diese Weise aus ihm begreifen; aber die Abstraktion als solche und in dieser Form in der Totalität zu finden, dies hebt sich unmittelbar auf. Wir erhalten die Abstraktion der Zeit, wenn wir von den Attributen das Denken isolieren, und es nicht als Attribut der absoluten Substanz, als welches es diese selbst ausdrückt, begreifen, sondern es abstrahiert von ihr als leeres Denken, subjektive Unendlichkeit fixieren, und diese Abstraktion in relative Beziehung auf die Einzelheit des Seins setzen. Durch diese Abstraktion wird denn die Zeit wahrhaft aus der Ewigkeit erkannt, und wenn man will erklärt; ihre Deduktion aber aus einer Gemeinschaft einzelner Dinge wird eine natürliche Erklärung geben, indem das Vorausgesetzte, die einzelnen Dinge, ja schon etwas Natürliches sind. Unter der Natürlichkeit, durch welche die Philosophie ihre Erklärungsweise zu Stande bringen wollte, ist durchgehends ersichtlich, / daß Jacobi nichts anders versteht, als das formale Wissen, und reflektierte Denken, und Erkennen nach der Einbildung; es gehören hierher die oben angeführten Stellen über Jacobis Begriff vom Wissen; auf eine solche natürliche Weise ist freilich kein philosophisches Begreifen möglich; und in Spinoza möchten wohl wenige Zeilen von dieser Natürlichkeit zu finden sein, sondern da Jacobi unter natürlichem Erklären das Erkennen nach der Einbildung versteht, so ist wohl alles übernatürlich in Spinoza; und so konnte die Behauptung Jacobis, daß die Welt sich nicht natürlich erklären lasse, am allermeisten ihre Bestätigung in Spinoza, welcher sie nicht nur aufgestellt, sondern ausgeführt hat, finden. Aber dadurch fällt alle sogenannte Natürlichkeit überhaupt weg, und damit selbst auch jene Übernatürlichkeit, weil sie nur ist, insofern ein Natürliches ihr gegenüber ist, und es ist weder darum zu tun, daß die Vernunft, wie Jacobi (*Briefe über Spinoza.* S. 419) sagt, das Außernatürliche oder Übernatürliche in ein Natürliches, noch auch, daß sie das Natürliche in ein Übernatürliches zu verwandeln sucht; sondern jene Natürlichkeit, d. h. der Mechanismus und Kausalzusammenhang, und die Zeit, so wie das Wissen, das an der reinen Identität fortgeht, und Tatsachen analysiert, ist für sie gar nicht vorhanden.

Was endlich die mathematischen Gleichnisse eines **actu** Unendlichen betrifft, welche Spinoza dem Betrug der Imagination entgegensetzte, und mit welchen er durch seine Imagination sich, nach Jacobi, habe sollen täuschen lassen, so ist Spinoza seiner Sache so gewiß, daß er sagt: wie erbärmlich diejenigen, welche das **actu** Unendliche für eine Ungereimtheit halten, räsoniert haben, darüber mögen die Mathematiker urteilen, die durch Argumente von solchem Schrot sich nicht aufhalten ließen in klar und deutlich erkannten Dingen. Das Beispiel Spinozas ist der Raum, der zwischen zwei Kreisen eingeschlossen ist, welche nicht einen gemeinschaftlichen Mittelpunkt haben, nach der Figur, die er auch als sein echtes Symbol vor seine *Prinzipien der cartesianischen Philosophie* setzen ließ, indem er durch dieses Beispiel die empirische Unendlichkeit aus dem end-

losen Hinaustreiben des Einbildens zurückgeholt und sie
vor sich hingebannt hat. Die Mathematiker schließen, daß
die Ungleichheiten, welche in diesem Raume möglich, unendlich sind, nicht aus der unendlichen Menge der Teile,
denn seine Größe ist bestimmt und begrenzt, und ich kann
größere und kleinere Räume — also größere und kleinere
Unendlichkeiten — sezten, sondern weil die Natur der Sache jede Bestimmtheit der Zahl übertrifft; es ist in diesem
begrenzten Raume ein wirkliches Unendliches, ein **actu**
Unendliches. Wir sehen in diesem Beispiel nämlich das Unendliche, das oben als die absolute Affirmation, oder der
absolute Begriff bestimmt worden ist, zugleich für die Anschauung, also im Besondern dargestellt, und der absolute
Begriff ist **actu** die Identität Entgegengesetzter; werden
diese Teile auseinander gehalten, und als solche identisch
gesetzt, ist dies Besondere, als solches wirklich gesetzt, in
Zahlen ausgedrückt, und soll es in seiner Inkommensurabilität nach dem Begriff identisch gesetzt werden, so / entspringt die empirische Unendlichkeit in den unendlichen
Reihen der Mathematiker; die Inkommensurabilität aber
besteht darin, daß das Besondere von der Subsumtion unter den Begriff entbunden, in Teile zerlegt wird, und diese
absolut bestimmte und absolut gegeneinander ungleiche
sind, und wenn sie vorhin im intuitiven Begriff gleichge-
setzt, jetzt einander verglichen werden, nicht mehr in der
Identität, sondern nur im Verhältnisse sind; mit einem
Worte, es ist dies nichts als die Umwandlung der Geometrie
in Analysis, oder bestimmter — des Pythagoreischen Lehr-
satzes, welcher allein alle wahrhafte Geometrie ist, in die
Reihen der Funktionen krummer Linien. Es ergibt sich
hieraus der wahre Charakter des Denkens, der Unendlichkeit ist; indem nämlich der absolute Begriff Unendlichkeit,
— an sich absolute Affirmation, aber gegen das Entgegengesetzte und Endliche gekehrt ist, als ihre Identität, so ist
es absolute Negation; und diese Negation als seiend, reell
gesetzt, ist das Setzen Entgegengesetzter; + A — A = 0; das
Nichts existiert als + A — A, und ist seinem Wesen nach
Unendlichkeit, Denken, absoluter Begriff, absolute reine
Affirmation. Diese abstrahierte Unendlichkeit der absolu-

ten Substanz ist dasjenige, was Fichte als Ich, oder reines Selbstbewußtsein, reines Denken, nämlich als das ewige Tun, oder Produzieren der Differenz, welche das reflektierte Denken immer nur als Produkt kennt, unserer neuen subjektivern Kultur näher gebracht hat. Das in der Erscheinung Außereinandergehaltene, Inkommensurable, die Differenz als Produkt ist sich in dem letzten Verhältnisse, in der Unendlichkeit, d. h. worin die Entgegengesetzten zugleich wegfalllen, gleich; und die Identität in Beziehung auf die als für sich seiend (in Zahlen) gesetzten Inkommensurablen ist eine unendliche, ein Nichts; aber die Inkommensurabeln nicht als diese Abstraktionen, für sich seiend (in Zahlen), noch als ohne das Ganze bestehende Teile, sondern nach dem, was sie an sich sind, nämlich sie nur im Ganzen gesetzt, so ist der wahrhafte Begriff, die wahrhafte Gleichheit des Ganzen und der Teile, und die affirmative Unendlichkeit, das **actu** Unendliche, für intuitive oder geometrische Erkenntnis vorhanden. Diese Idee des Unendlichen ist eine der allerwichtigsten im Spinozistischen System und in einer Darstellung desselben müßte sie eine größere Figur spielen, als wie in den Jacobischen Sätzen nur immer ein müßiges Prädikat zu Denken, Ausdehnung u.s.w. abgeben; es liegt in ihr gerade das Wichtigste, nämlich die Erkenntnis des Vereinigungspunktes der Attribute; aber ohne diese Idee sind die höchsten Ideen Spinozas auf eine formelle, historische Weise dargestellt, wie in der 14ten These die Attribute und Mode zu der absoluten Substanz in der gemeinen Reflexionsform von Eigenschaften hinzukommen. Wir stellen die Formen der Unendlichkeit kurz zusammen; das wahrhafte Unendliche ist / die absolute Idee, Identität des Allgemeinen und Besondern, oder Identität des Unendlichen und Endlichen selbst; nämlich des Unendlichen, insofern es einem Endlichen entgegengesetzt ist, und dieses Unendliche ist reines Denken; gesetzt als diese Abstraktion ist es reine absolutformale Identität, reiner Begriff, Kantische Vernunft, Fichtesches Ich. Aber gegen dieses Endliche gestellt, ist es ebendeswegen absolutes Nichts desselben, $+ A - A = 0$; es ist die negative Seite der absoluten Idee; dieses Nichts als Realität gesetzt, die Unendlichkeit selbst nicht als Subjekt oder Produzieren, als welches sie reine Identität sowohl als Nichts ist, sondern als Objekt, oder Produkt, ist sie das + A — A, das Setzen Entgegengesetzter. Aber keine von diesen Formen der Unendlichkeit ist noch die Unendlichkeit der Einbildung, oder die empirische; die erste Unendlichkeit ist die der absoluten Vernunft; die Unendlichkeit der reinen Identität oder der Negativität ist die der formalen oder negativen Vernunft; das Unendliche aber, in seiner Realität, als + A — A, wovon das eine selbst als unendliches, das andere als endliches bestimmt wird, oder die Endlichkeit überhaupt, ist das der Reflexion und der Einbildung, wozu das oben Angezeigte gehört, wenn ein Endliches als absolut, d. h. zugleich als ein anderes gesetzt werden soll. Bei Jacobi findet sich Unendlichkeit entweder als etwas Müßiges, oder als die empirische der Einbildung; und dies verleitet ihn zu meinen, Spinoza habe in seinem mathematischen Beispiel (Jacobi spricht von mehrern, aber im 29. Brief ist nur Eins, und **Ethica. Pars I. Propositio XIX. Scholium** ist es nicht Spinoza, der das dortige Beispiel gebraucht, sondern er führt es von den Gegnern an) eine empirische Unendlichkeit, als actu existierend darstellen wollen; und Jacobi ist durch das mathematische Beispiel insofern befriedigt, daß er zwar keine objektive und wirkliche, aber doch eine subjektive und idealische darin findet.

Wo wir eine Verknüpfung von Grund und Folge (*David Hume* S. 94) wahrnehmen, werden wir uns des Mannigfaltigen in einer Vorstellung bewußt, und dies geschieht in der Zeit, und diese idealische Sukzession ist selbst eine wirkliche in dem Subjekt, das sie erzeugt. — Spinoza hat auf diese Weise mehr geleistet, als er im Sinne hatte; denn er dachte bei seinem Beispiele gar nicht an Sukzession, und sie ist auch nicht darin zu sehen. Jacobi findet aber doch wenigstens eine subjektive darin; das Beispiel hat bei ihm also statt der philosophischen eine psychologische und empirische Bedeutung, nur findet er nocht nicht genug Empirisches, nämlich, außer der psychologischen, nicht auch noch eine objektive wirkliche Sukzession darin, obschon auch die idealische selbst eine wirkliche Sukzession im Subjekt ist.

Die Natur dieses polemischen Verfahrens besteht also darin, daß Jacobi die Sukzession und Endlichkeit entweder vermißt, und sie in der Spekulation schlechthin / fordert, oder sie hineinerklärt, und dann Ungereimtheiten findet. Die positive Seite dieses Fixiertseins im Endlichen nach der ideellen Form, nämlich in Bezug aufs Wissen, haben wir oben gesehen, welches als am Faden der Ähnlichkeit und Identität fortgehend und eines Faktums bedürftig begriffen wird, das ihm gegeben sein muß als ein Fremdes, das + B, zu welchem die Identität des Begriffes hinzutretend vorgestellt wird. Von dieser Empirie nun überhaupt und von der Individualität des Sinnes, welche den Umfang und die Schönheit dieser Empirie bestimmt, und daß durch die Vernunft die Empirie des Menschen einen andern Charakter hat, als die Empirie des Tiers, wie auch von der empirischen Darstellung subjektiver Individualität oder des Sinnes, hat Jacobi zuweilen geist- und sinnreiche Ausdrücke. Solche Sachen, von der Beziehung der Empirie auf das Wissen wie (Reinholds *Beiträge* 3. Heft S. 92): daß Raum und Zeit Tatsachen sind, weil Bewegung eine Tatsache ist; **ein Mensch, der sich nie bewegt hätte, könnte sich keinen Raum vorstellen; wer sich nie verändert hätte, kennte keinen Begriff der Zeit; a priori möchten wir so wenig zu derselben gelangen, wie wir zur reinen Mannigfaltigkeit, zur verbindenden Verbindung, zur produzierenden Spontaneität des Verstandes gelangen**, — können vielleicht dem Verarbeiter Köppen und nicht Jacobi zugehören. Geistreich sind die Ausdrücke der Empirie und über die Empirie, weil sie auf spekulative Ideen anspielen; und das Interesse der Jacobischen Schriften beruht auf dieser Musik des Anklingens und Widerklingens spekulativer Ideen, die aber, indem die Ideen sich in dem Medium des Absolutseins der Reflexion brechen, nur ein Klingen bleibt, und nicht zu dem, was, wo die Sache Wissenschaft betrifft, erwartet wird, zu dem artikulierten wissenschaftlichen Worte (Logos) gedeihen soll. Wenn dieses Klingen von Ideen als etwas Objektives, was es nicht sein

soll, in den Begriff aufgenommen, als Gemeingut des Denkens ergriffen und festgehalten werden dürfte, so würde man, wenn man den Sinn solcher Ausdrücke allein betrachtet, eine Darstellung der Vernunft in ihnen nicht verkennen können. Z. B. unmittelbar nachdem Jacobi (*Briefe über Spinoza* in dem oben Angeführten) der Vernunft nur das Vermögen, ein Faktum zu analysieren, und nach der reinen Identität zu verknüpfen zuerkannt hatte, erzählt er S. 423 seinen Grundgedanken, daß Er den Menschen neh-
10 me, ohne ihn zu teilen, und daß Er finde, daß sein Bewußtsein aus zwei ursprünglichen Vorstellungen, der Vorstellung des Bedingten und des Unbedingten zusammengesetzt sei, welche unzertrennlich verknüpft sind. Ist denn aber dies keine Teilung, welche das Bewußtsein aus zwei nach Jacobi absolut entgegengesetzten Vorstellungen zusammengesetzt sein läßt? Nach der folgenden Seite bleiben wir, so lange wir begreifen, in einer Kette bedingter Bedingungen, und in der begreiflichen Natur, aber dieser Zusammenhang des Begreifens und der Natur hört auf, und
20 absolut jen/seits, also ohne Zusammenhang steht ein Übernatürliches, Unbegreifliches, und Unbedingtes. Wie kann also Jacobi sagen, daß er den Menschen nicht teile, da er sein Bewußtsein aus absolut Entgegengesetzten bestehen läßt? oder vielmehr er nimmt ihn schon geteilt, indem er ihn nach der Erscheinung des Bewußtseins betrachtet. — Sollen wir aber wirklich den Menschen und sein Bewußtsein und dessen Zusammensetzung als etwas Ungeteiltes, wie Jacobi es geben will, nehmen, so müssen wir dasjenige, was Jacobi Prinzip der Erkenntnis und Vernunft nennt, be-
30 greifen als die ungeteilte Identität des Bedingten und Unbedingten, und da nach Jacobi das Natürliche jenes, das Übernatürliche dieses ist, als Identität des Natürlichen und Übernatürlichen, und in dieser bedingten Unbedingtheit, oder unbedingten Bedingtheit, hätten wir dieselbe Ungereimtheit der endlichen Unendlichkeit, die Jacobi in Spinoza findet, und wenigstens die Vernichtung der Gegensätze des Natürlichen und Übernatürlichen, des Endlichen und Unendlichen, also wenigstens die Befreiung von der

Reflexion, welche die Entgegensetzung absolut, und die Entgegengesetzten zu etwas an sich macht.

So könnte man (*Überflüssiges Taschenbuch.* 1802. S. 30) die Anmerkung: wo Sinn ist, da ist Anfang und Ende, da ist Trennung und Verbindung, da ist Eines und ein Anderes, und der Sinn ist das Dritte, sehr wohl als eine spekulative Idee auffassen; und (Reinholds *Beiträge.* 3. Heft. S. 70): „Das Merkmal eines Sinnes überhaupt ist das Zweiendige, und das In-der-Mitte-stehen zwischen Subjekt und Objekt; noch mehr ebenda S. 95: die Sinnlichkeit bestimmt nicht, auch nicht der Verstand, das Prinzip des Individuierens liegt außer ihnen; in diesem Prinzip ist gegeben das Geheimnis des Mannigfaltigen und Einen in unzertrennlicher Verbindung, das Sein, die Realität, die Substanz. Unsere Begriffe darüber sind lauter Wechselbegriffe; Einheit setzt Allheit, Allheit Vielheit, Vielheit Einheit zum Voraus; Einheit ist daher Anfang und Ende dieses ewigen Zirkels, und heißt – Individualität, Organismus, Objekt-Subjektivität." Die Mitte aber dieses Zirkels, welche Mittelpunkt und Peripherie zugleich ist und den Wechsel festhält, nicht Eins verschwinden läßt, so wie das Andere auftritt, würde die Idee der Vernunft, der absoluten und doch zweiendigen Identität des Einen und Vielen sein; eine solche Idee ist aber ein ganz anderes Wissen und Erkennen, als das nur gegebene Tatsachen analysiert und an der Ähnlichkeit fortgeht. Diese Gestalt, in welcher Jacobi die Reflexion nur auf eine geistreiche Weise über sich erhebt, ist der notwendige Ausweg, welcher sich für das Aussprechen der Vernunft ergibt, wenn die Endlichkeit und Subjektivität zu etwas Absolutem gemacht ist; als geistreiche Darstellung hütet die Vernunft sich, in sich das Unendliche des Begriffs aufzunehmen, und Gemeingut und Wissenschaftlichkeit zu / werden, sondern bleibt von der Subjektivität affiziert, ein Eigentümliches und Besonderes; an dem Ring, dem Symbol der Vernunft, den sie darbietet, hängt ein Stück Haut von der Hand, die ihn reicht, das man entbehren will, wenn die Vernunft wissenschaftliche Beziehung und mit Begriffen zu tun hat; eine Geistreichigkeit, welche nach der Weise der Ungereimtheit einer endlichen Unendlichkeit, eines Etwas, das Anfang und Ende zugleich ist, einer Zusammensetzung des Bedingten und Unbedingten u.s.w., mehr einem Formalismus der Vernunft wieder sich nähert, der sehr wohlfeil zu haben ist. So subjektiv die Form dieses Philosophierens ist, eben so subjektiv und endlich muß auch der Gegenstand dieses Philosophierens sein, denn die Endlichkeit ist etwas an sich; das Darstellen und Philosophieren geht zunächst an und über den Menschen: daß wir uns auf die Erde gesetzt finden, und wie da unsere Handlungen werden, so wird auch unser Erkenntnis; wie unsere moralische Beschaffenheit gerät, so gerät auch unsere Einsicht in alle Dinge, welche sich darauf beziehen, u.s.w. Diesem perennierenden Angedenken an den Menschen, und dem Loben und Erzählen von seinem vernünftigen Instinkt, und seinem Sinne — entgegen spricht Epiktet, den Menschen vergessend, in der Stelle, die Jacobi (*Überflüssiges Taschenbuch.* S. 22) anführt: da ich aber ein vernünftiges Wesen bin, so ist mein Geschäft, (nicht den Menschen) Gott zu loben, es ist mein Beruf, ich will ihn erfüllen. —

Von der Eigenheit, das Absolute nicht in der Form für vernünftige Erkenntnis, sondern nur im Spiel mit Reflexions-Begriffen, oder in einzelnen Aufrufungen, welche, wie Kant mit der Idee im praktischen Glauben endigt, das Philosophieren, indem sie es anzufangen scheinen, unmittelbar auch schließen, oder das Vernünftige nur als schöne Empfindung, Instinkt, Individualität ertragen zu können, ist das Hersche Philosophieren nur eine geringe Modifikation; nur daß die Herderische Form sogar den Vorzug hat, noch etwas Objektiveres zu sein. Der Schaum von Spinozismus und das vernunft- und sprachverwirrende Predigen, wie Jacobi das Herdersche Philosophieren nennt, entspringt gerade daher, daß wie Jacobi an die Stelle des vernünftigen Denkens den Ausdruck des Empfindens, Subjektivität des Instinkts u.s.w. setzt, so Herder an die Stelle des vernünftig Gedachten Etwas, worin das Vernünftige gleichfalls verhüllt wird, nämlich einen Reflexions-Begriff. Der Begriff von Macht, wie der Begriff der Materie und des Denkens, sagt Herder (*Gott;* 2. Ausg. S. 126), entwickelt

(d. h. eingewickelt) fallen alle drei, dem Spinozistischen System selbst zufolge, in einander, d. i. in den Begriff einer Urkraft; — die ewige Urkraft, die Kraft aller Kräfte ist nur Eine u.s.w. S. 169: Der reelle Begriff, in welchem alle Kräfte nicht nur gegründet sind, sondern den sie auch allesamt nicht erschöpfen, dieses unendlich Vortreffliche ist: Wirklichkeit, Realität, tätiges / Dasein; es ist der Hauptbegriff; es ist der Hauptbegriff bei Spinoza; — und die Natur (S. 245ff.) ist ein Reich lebendiger Kräfte, und unzähliger Organisationen, deren jede in ihrer Art nicht nur weise, gut und schön, sondern ein Vollkommnes, das ist, ein Abdruck der Weisheit, Güte und Schönheit selbst ist u.s.w. Das verwelkte Haar, der verworfene Nagel tritt wieder in eine andere Region des Zusammenhangs der Welt, in welchem er abermals nicht anders als seiner jetzigen Naturstellung nach wirkt oder leidet u.s.w. — Heißt das nicht, wie Jacobi sagt, das größeste Verdienst des Forschers erwerben, Dasein enthüllen und offenbaren? Nur nicht, so wenig als Jacobi, für philosophische Erkenntnis, sondern im Gegenteil mit dem, beiden gleichen Bemühen, da wo für vernünftiges Erkennen wissenschaftliche Form vorhanden ist, sie wegzuschaffen. Herder hat ein vollkommenes Bewußtsein über die Weise, wie er den Mittelpunkt des Spinozistischen Systems darstellt: „ich wüßte nicht (*Gott* 2. Ausg. S. 77) unter welches Hauptwort die wirklichen und wirksamen Tätigkeiten, der Gedanke der Geisterwelt, und die Bewegung der Körperwelt, beide sich so ungezwungen fassen ließen, als unter den Begriff von Kraft, Macht, Organ; mit dem Wort: organische Kräfte bezeichnet man das Innen und Außen, das Geistige und Körperhafte zugleich, es ist indessen auch nur Ausdruck; denn wir verstehen nicht, was Kraft ist, wollen auch das Wort Körper damit nicht erklärt haben." Gerade dies ist das Geschäfte Jacobis, an die Stelle philosophischer Ideen Ausdrücke und Wörter zu setzen, die nicht gewußt noch verstanden werden sollen; sie könnten wohl auch einen philosophischen Sinn haben, aber die Jacobische Polemik geht gerade gegen die Philosophien, worin Ernst damit gemacht und ihre philosophische

Bedeutung ausgesprochen ist. Am besten sagt Köppen in der Schluß-Deklamation zu Jacobi über den Kritizismus (Reinholds *Beiträge*. 3. Heft) um was es zu tun ist: Freies, unsterbliches Wesen, Mensch, Bruder, voll hoher Andacht, Hingebung, Liebe; wie kann der Buchstabe **deiner philosophierenden Vernunft** dich stärker lehren, was du **im Allerheiligsten deiner Seele lebendiger glaubst, hoffest und weißt**; Walten des Unendlichen über dir, Tugend aus Freiheit, und ewiges Leben! u.s.w. – Solch frostiges und schales Herzergießen, das aus der Vernunft als Instinkt kommt, woran Jacobi immer verweist, meint wohl mehr zu sein als ein Satz der philosophierenden Vernunft, die es entbehren will.

Ein auf gleichem Grund wie das gegen Spinoza beruhendes Stück Polemik *Über das Unternehmen des Kritizismus, die Vernunft zu Verstande zu bringen, und der Philosophie überhaupt eine neue Absicht zu geben* (Reinholds *Beiträge*. 3. Heft) gegen die Kantische Philosophie haben wir hier kurz zu berühren; Jacobis Instinkt gegen das vernünftige Erkennen hat sich gerade an den Punkt der Kantischen Philosophie geheftet, wo sie spekulativ ist, und die an sich nicht / klare, sondern durch die vom reflektierenden Denken sich angeeignete, dadurch für die philosophische Vernunft unbrauchbar gewordene Terminologie einer vergangenen Bildung gehinderte, und sich von der spekulativen Seite ins Produkt verlierende Darstellung Kants benutzt, um mit desto leichterer Mühe sie zu galimathisieren, und durch und für die unspekulative Reflexion zum Unsinn zu machen; der Charakter der Reflexionsphilosophie spricht in dieser Polemik seine Prinzipien in sehr bestimmten Zügen aus. Eine eigentliche Kritik dieses Aufsatzes müßte auch das leere Schreien und das bissige, gehässige, und durch Verdrehungen bis zum Hämischen fortgehende Wesen desselben darstellen; zu dem letztern rechnen wir Beispiele, wie in dem Vorbericht eins vorkommt, wo an der Kantischen Darstellung der Formen der Anschauung ein Exempel von der Uneinigkeit des Systems mit sich selbst, und der Vermischung des Empirismus und Idealismus gegeben werden soll; und zu diesem Behuf zuerst aktenmäßig dokumentiert, daß Raum und Zeit bloße Formen sein, daß sie nie Gegenstände werden können, und dazu *Kritik der reinen Vernunft* S. 347 zitiert wird, wo es heißt: „die bloße Form der Anschauung ohne Substanz ist an sich kein Gegenstand, ... wie der reine Raum und die reine Zeit, die zwar Etwas sind, als Formen anzuschauen, aber selbst keine Gegenstände sind, die angeschaut werden", wo kein Wort davon steht, daß sie nicht Gegenstände (in welchem Sinne, werden wir gleich sehen) werden können; „sie lassen sich nicht anschauen, noch wahrnehmen," fährt Jacobi fort, wozu *Kritik der reinen Vernunft* S. 207 zitiert ist, wo vom sich nicht Anschauenlassen gar nichts steht und vom Wahrnehmen, daß sie an sich gar nicht wahrgenommen werden, weil sie reine formale Anschauungen, nicht Erscheinungen (d. h. Identitäten der Anschauung und der Empfindung), nicht Gegenstände der Wahrnehmung sind; — und dennoch, sagt nun Jacobi, sind diese nämlichen nicht objektiven Formen der Anschauung, nach andern Äußerungen, auch Gegenstände, wozu *Kritik der reinen Vernunft* S. 160 zitiert wird, wo es heißt (in der Anmerkung, im Text steht nichts vom Gegenstand): Raum als Gegenstand (ist bei Kant selbst unterstrichen) betrachtet, wie man es in der Geometrie wirklich bedarf, enthält mehr als bloße Form der Anschauung; — wo Kant formale Anschauung als Einheit der anschaulichen Vorstellung und Form der Anschauung, als welche in Beziehung auf den Verstandesbegriff als eine bloße Mannigfaltigkeit erscheint, aber in sich selbst eine Einheit hat, unterscheidet; und, wie auch § 24 ausdrücklich bemerkt, daß der Verstand als transzendentale Synthesis der Einbildungskraft selbst die Einheit des Raums und der Zeit ist, und diese selbst erst möglich macht; — einer der vortrefflichen Punkte dessen, was Kant über die Sinnlichkeit und Apriorität sagt. Welcher Widerspruch liegt nun darin, daß die Form der Anschauung als dem Verstandes-/begriff entgegengesetzte reine abstrahierte Form, nicht Gegenstand sei, aber wie in der Geometrie zum Gegenstand gemacht werden könne, wegen seiner innern, apriorischen, in ihm aber als bloßer Form der Anschauung nicht hervortretenden Einheit. – Endlich soll mit dem Vorgehenden ein Widerspruch darin liegen, daß Raum und Zeit nicht bloße Formen der Anschauung, sondern Anschauungen selbst, und als solche sogar einzelne Vorstellungen sind; einzelne, individuelle (dem Begriff entgegengesetzte) Vorstellungen sind Kant gleichbedeutend mit Anschauung, und man kann diesen Begriff Kants nicht anders als vortrefflich und einen seiner reinsten und tiefsten nennen. – Auch ganz unabhängig von der Wahrheit oder Falschheit des Begriffs, wo ist zwischen dem Obigen und dem, was Jacobi als widersprechend aufführt, ein anderer Widerspruch zu finden, als den Jacobi durch falsches Zitieren hineinbringt? – Auf der folgenden Seite sagt Jacobi: **Fichte, dem es unbegreiflich schien, wie das Ich seine Realität und Substantialität von der Materie borge,** u.s.w. Zu dieser vortrefflichen, so im Vorbeigehen, wie auch Fichte auf eine eben so vorbeigehende Weise abgetan ist, gemachten Darstellung des Kantischen Systems, daß vermöge desselben **das Ich seine Realität und Substantialität von der Materie borge,** ist zitiert *Kritik der reinen Vernunft* S. 277f. S. 276 heißt die Periode, die auf S. 277 herübergeht: Allein hier (von Kant gegen den Idealismus) wird bewiesen, daß äußere Erfahrung eigentlich unmittelbar sei, daß nur vermittelst ihrer, **zwar nicht das Bewußtsein unserer eigenen Existenz,** aber doch **die Bestimmung derselben in der Zeit,** d. i. innere Erfahrung, möglich sei. Freilich ist die Vorstellung: Ich bin, die das Bewußtsein ausdrückt, welche alles Denken begleiten kann, das, was **unmittelbar die Existenz eines Subjekts in sich schließt, aber noch keine Erkenntnis desselben, mithin auch nicht empirische,** d. i. Erfahrung; denn dazu gehört, außer dem Gedanken von etwas Existierendem, noch Anschauung, hier innere, [...] die selbst nur mittelbar und nur durch äußere möglich ist. Anmerkung 2: Hiermit stimmt auch aller Erfahrungsgebrauch unsers Erkenntnisvermögens in Bestimmung der Zeit vollkommen überein. Nicht allein, daß wir alle Zeitbestimmung nur durch Wechsel in äußern Verhältnissen in Beziehung auf das Beharrliche im Raum (z. B. Sonnenbewegung) vornehmen können, so haben wir sogar nichts Beharrliches, was wir dem Begriffe einer Substanz, als Anschauung, unterlegen könnten, als bloß die Materie und selbst diese Beharrlichkeit wird nicht aus äußerer Erfahrung geschöpft, sondern a priori als notwendige Bedingung aller Zeitbestimmung, mithin auch als Bestimmung des innern Sinnes in Ansehung unseres eigenen Daseins durch die Existenz äußerer / Dinge vorausgesetzt. Das Bewußtsein meiner selbst in der Vorstellung Ich ist gar keine Anschauung, sondern eine bloß intellektuelle Vorstellung der Selbsttätigkeit eines denkenden Subjekts. Daher hat dieses Ich auch nicht das mindeste Prädikat der Anschauung, welches als beharrlich, der Zeitbestimmung im innern Sinne zum Korrelat dienen könnte: wie etwa Undurchdringlichkeit an der Materie, als empirischer Anschauung, ist. — Wir haben diese Stelle ganz abgeschrieben, damit durch die unmittelbare Ansicht erhelle, wie hämisch die so blank und bloß gemachte Darstellung, daß Ich seine Realität und Substantialität von der Materie borge, sei. Zur Erfahrung erfordert Kant etwas, an dem sich der Wechsel der Zeit als an etwas Beharrlichem bestimme, und dies Beharrliche ist die Materie und zwar als ein Apriorisches; und Substantialität ist diese in Beziehung auf Erfahrung bestimmte Beharrlichkeit in der Zeit, von welchen auf die Erfahrung sich beziehenden Prädikamenten Kant das Ich bin und sogar die Existenz des Subjekts ausdrücklich ausschließt, so daß dasjenige, was Kant sagt, toto coelo verschieden von dem ist, was so ohne alle Erklärung über Realität, Substantialität und Materie bei Jacobi steht; und für Realität und Substantialität und Materie, so wie für Ich eine ganz andere Bedeutung gibt, als wenn so im Allgemeinen gesagt ist: Ich borge seine Substantialität von der Materie; — heißt nicht Kant so zu zitieren und behandeln, mit ihm schlechter als mit einem toten Hunde umgehen?

Die allgemeine gehässige Behandlung aber, daß wenn Kant in der Erfahrung sowohl das Moment der Empfindung, als der Anschauung und der Kategorie als nur Erscheinung produzierend, und keine Erkenntnis des Ansich

und des Ewigen gebend mit Recht vorstellt, Jacobi dies
„als ein Vertilgen aller Ansprüche an Erkenntnis der
Wahrheit bis auf den Grund, und als Übriglassen eines
solchen blinden, ganz und gar erkenntnisleeren Glaubens,
wie man den Menschen bisher noch keinen zugemutet
hat", begreift, ist aus seinem schon aufgezeigten Prinzip
begreiflich, daß das Endliche und die Erscheinung für ihn
absolut ist. So hat die Jacobische Philosophie auch die
Ausdrücke Wahrheit und Glauben zur Bedeutung der gemeinsten und empirischen Wirklichkeit herabgewürdigt,
von welchen Worten die Wahrheit es im philosophischen
Verkehr verdient gebraucht zu werden, und der Glaube
sonst auch wirklich allgemein gebraucht worden ist, nur
von der Gewißheit des Ewigen und nicht empirisch Wirklichen; über die Vernichtung solcher empirischen Wahr/heit
und des Glaubens an das sinnliche Erkennen schmäht Jacobi als über ein Vergreifen an dem Heiligen, als über einen
Kirchenraub.

Zum falschen Zitieren und Schmähen kommt ein drittes
Ingrediens der polemisierenden Darstellung, nämlich das
Galimathisieren; die Kunst desselben ist sehr einfach,
sie ist nämlich das Auffassen des Vernünftigen mit Reflexion, und die Verwandlung desselben in Verständiges, wodurch es an und für sich selbst eine Ungereimtheit wird,
wie wir gesehen haben, daß in Spinozas Ewigkeit und Unendlichkeit die Zeit hinein galimathisiert worden ist. Um
von solchen Verkehrungen nicht zu sprechen, wie wenn
Kant die Synthesis eine Handlung nennt, und dann wieder
von ihr in Beziehung auf Einbildungskraft sagt, daß sie eine
Wirkung derselben sei, daß Jacobi hieraus sich die Frage
nimmt: Dies Vermögen ist eine Wirkung? was der Fortsetzer auch treufleißig S. 85 wiederholt, und Kant Recht
gibt, daß er sie die bloße Wirkung der blinden Einbildungskraft nenne, — noch Beispiele am Einzelnen anzuführen,
denn der ganze Aufsatz geht in Einem galimathisierenden
und sich in der Bereitung von Unsinnigkeit gefallenden
Tone fort, so stellen wir die Hauptsache auf, das Verhältnis der sogenannten Vermögen, wie es Jacobi begreift. Es
ist bei der Darstellung der Kantischen Philosophie gezeigt

worden, wie Kant innerhalb dieser Sphäre auf eine vortreffliche Weise das Apriorische der Sinnlichkeit in die ursprüngliche Identität der Einheit und Mannigfaltigkeit, und zwar in der Potenz des Versenktseins der Einheit in die Mannigfaltigkeit als transzendentale Einbildungskraft setzt, den Verstand aber darein setzt, daß die apriorische synthetische Einheit der Sinnlichkeit in die Allgemeinheit erhoben, und also diese Identität in relativen Gegensatz mit der Sinnlichkeit tritt; die Vernunft wieder als die höhere Potenz des vorigen relativen Gegensatzes, aber so, daß diese Allgemeinheit und Unendlichkeit nur die formelle reine Unendlichkeit und als solche fixiert ist. Diese echtvernünftige Konstruktion, durch welche nur der schlechte Name Vermögen bleibt, in Wahrheit aber Eine Identität aller gesetzt ist, verwandelt nun Jacobi in ein Beruhen der Vermögen aufeinander. „Die Vernunft beruht bei euch auf dem Verstande; der Verstand auf der Einbildungskraft; die Einbildungskraft auf der Sinnlichkeit; die Sinnlichkeit dann wieder auf der Einbildungskraft als einem Vermögen der Anschauungen a priori; diese Einbildungskraft endlich — Worauf? Offenbar auf Nichts! Sie ist die wahrhafte Schildkröte, der absolute Grund, das Wesende in allen Wesen. Aus sich rein produziert sie sich selbst; und als die Möglichkeit selbst von allem Möglichen, nicht nur was möglich, sondern auch was — vielleicht! — unmöglich ist." In solche schöne Verbindung bringt Jacobi die Vermögen; und daß etwas, freilich nicht die Einbildungskraft als abgetrennt von der Totalität, auf sich selbst ruhe, ist für Jacobi nicht nur so unphilosophisch, wie das / Bild der dummen Indier, welche die Welt von einem Wesen, das auf sich selbst ruhe, tragen lassen, sondern auch frevelhaft, und weil jeder aus seiner Jugend und der Psychologie weiß, daß die Einbildungskraft ist ein Vermögen zu erdichten, so will nach Jacobi die Philosophie durch eine solche Einbildungskraft den Menschen bereden, daß der ganze Mensch wirklich sei ein Gewebe ohne Anfang und Ende, aus lauter Trug und Täuschung, aus Wahngesichten, aus Traum, daß der Mensch sich eine Religion und Sprache erfunden und erdichtet habe u.s.w., wie darüber endlos im *Taschenbuch* gezankt und apostrophiert wird; kurz Jacobi versteht eine solche Einbildungskraft, so wie eine sich selbst erzeugende Vernunft als etwas Willkürliches und Subjektives, und die sinnliche Erfahrung als ewige Wahrheit.

Wegen jener galimathisierenden Darstellung der Kantischen Konstruktion des erkennenden Geistes, bezeugt Jacobi sich S. 52, daß ihr sehet, wie er eure Sache übrigens gut genug gefaßt habe; und will so großmütig sein, euch nicht vorzuwerfen, daß ihr wissentlich betrügt; — der Herausgeber Reinhold beanmerkt jene wahrhaftige Darstellung damit, daß „die hier beschriebenen Funktionen die Kantische Philosophie, so ferne sie auch nur den Schein der Konsequenz behalten will, als die von ihr stillschweigend vorausgesetzten Prinzipien ihrer Theorie des Erkenntnisvermögens anerkennen müsse; die Fichtesche hingegen stellt die besagten Funktionen ausdrücklich, und zwar mit einem Anschauen, Denken und Wollen aller derselben auf."

Die Hauptfrage, die Jacobi tut, ist: wie kommt die Kantische Philosophie a priori zu einem Urteil, wie bringt sie das Absolute zur Geburt der Endlichkeit, die reine Zeit zu Zeiten, den reinen Raum zu Räumen? Das ewige Dilemma der Reflexion ist dieses: erkennt die Philosophie einen Übergang aus dem Ewigen ins Zeitliche, so ist leicht zu zeigen, daß sie das Zeitliche ins Ewige selbst setzt, und also das Ewige zeitlich macht; erkennt sie diesen Übergang nicht, setzt sie das absolute Zugleich der Totalität für intuitive Erkenntnis, so daß das Differente nicht in der Form von Teilen und zeitlichem Wesen vorhanden ist, so ist sie mangelhaft, denn sie soll das Zeitliche, Bestimmte und Einzelne auch haben, und erklären. — Das letztere ist der gemeine Reflexionsgedanke, an dem Jacobi eine Schraube zu besitzen meint, der auch die Kantische Philosophie nicht widerstehen könne. Er begreift glücklicherweise, wie das nicht fehlen kann, die Totalität der intellektuellen Anschauung oder apriorischen Synthesis, welche die Differenz schlechthin in sich schließt, als eine abstrakte Einheit, und hat also die Teile nicht im Ganzen, sondern neben der abstrakten Einheit, zu welcher er das Ganze macht; und findet notwendig, daß wenn eine Synthesis a priori erklärt werden sollte, so hätte man zugleich eine reine Antithesis erklären müssen; es finde sich aber nicht die leiseste Ahndung dieses / Bedürfnisses; das Mannigfaltige für die Synthesis werde von Kant empirisch vorausgesetzt, und sollte dennoch bleiben, wenn man von allem Empirischen abstrahierte; als ob die ursprüngliche Synthesis nicht eine Identität des Differenten wäre; aber freilich ist das Differente nicht als ein rein Endliches, Antithetisches, wie es Jacobi sehen will, darin. Ursprüngliches Synthesieren würde nach Jacobi ein ursprüngliches Bestimmen, ein ursprüngliches Bestimmen aber ein Erschaffen aus Nichts sein. Es ist schon oben erinnert worden, daß für die Reflexion das Nichts da anfängt, wo keine absolute, isolierte, von der absoluten Substanz abstrahierte Endlichkeit, und daß die dem Nichts der Reflexion entgegengesetzte Realität der Reflexion, das Etwas der Reflexion schlechthin nur diese absolute Entgegensetzung und absolute Endlichkeit ist. Daß die Synthesis eine reine Einheit, und also keine Differenz in ihr ist, ist der einzige und einfache Gedanke in ein endloses, in Unsinnigkeiten sich hinein arbeitendes Gepolter und ganz ungebärdig tuendes Gepoche und Gezänke ausgedehnt. Die Idee der Synthesis, so wie der ganzen Kantischen Philosophie, schöpft Jacobi aus einzelnen Stellen, und wenn da Kant einmal unter anderem die Synthesis die Handlung nennt, verschiedene Vorstellungen zu einander hinzuzutun, und ihre Mannigfaltigkeit in einer Erkenntnis zu begreifen, was ist da klarer, als daß er die Antithesis zu seiner Identität schon voraussetzt? Jacobi vermischt gehörig alles Organische der Kantischen Konstruktion, und macht sich Zeit, Raum, transzendentale Einbildungskraft beliebig klar und rein, alle zu reinen gediegenen Einheiten, die nichts miteinander zu schaffen haben; er macht sich selbst zur absoluten Gediegenheit des unendlichen Raums, und fragt nun, wie könnt ihr in meine Gediegenheit einbrechen, und nur Einen distinkten Punkt in mir entstehen lassen? wie können Zeit, Raum, Einheit des Bewußtseins in einander einbrechen? — ohne zu bedenken, daß die Reinheit der Zeit, des Raums und der transzendentalen Einbildungskraft eben so Erdichtungen sind als das, daß Er diese gezänke- und wolkenlose Anschauung der unendlichen Gediegenheit des Raums ist. Mit der Zeit ist Jacobi etwas besser zufrieden, nämlich er findet sie als eine Brücke zwischen Realem und Idealem, Intellektualem und Materialem, und kann sie für einen Sinn nehmen; sie ist zweiendig, und irgendwo in einer Mitte und also ein Sinn, — der ja überhaupt dieses Zweiendige und In-der-Mitte-Stehen zwischen Objekt und Subjekt ist. Aber wenn schon die Einbildungskraft eine Anfang, Mittel und Ende in sich habende Zeit erzeugt, so weiß sie nicht zu bedeuten, wie groß oder klein diese erzeugten Eier sind; dies muß sie am Raum bestimmen, in den Jacobi übergeht, und sich als seine unendliche reine, ungetrübte Identität und Kontinuität setzt; und in dieser Einheit festsitzend behauptet, daß in alle Ewigkeit eine reine und leere Einbildungskraft, wenn sie allein mit dem Raume wäre, keinen Punkt erzeugen könnte. Soll eine Ver/endlichung in dem reinen Raum begriffen werden, so erzählt Jacobi sehr gut, so muß dies Verendlichung (besser Realität) Setzende etwas sein, das über beides, über die reine Anschauung, wie über den reinen Begriff, über den reinen Begriff, wie über die reine Anschauung auf gleiche Weise erhaben sei; das weder unter eine (sinnliche) Anschauung, noch unter einen Begriff falle; dies läuft für Jacobi in die teils wahre, teils schiefe Bestimmung: es schaue selbst nicht an, und begreife selbst keine Begriffe; es sei ein gleiches allerreinstes Tun von beiden; und heiße als solches synthetische Einheit der transzendentalen Apperzeption. Mit diesem Worte, also an dem Punkte, wo zu allererst vielleicht von der Sache selbst die Rede hätte werden können, endigt sich die eigentliche Ausarbeitung Jacobis; an dem Punkte, wo das bisherige gedankenleere Gepolter und Gezänke ein Interesse erhalten zu können schien, weil bisher von nichts als leeren Einheiten und nur von galimathisiertem Verstande, Einbildungskraft und Vernunft die Rede war, bricht Jacobi ab; was er durch das Bulletin seiner Gesundheit in dem *Vorbericht* begreiflich macht; und zugleich eine etwaige Hoffnung, daß er selbst noch mit Besserem nachgekommen sein würde, dadurch ganz aufhebt, daß er (*Vorbericht* S. 5) keine von den eigentlich gefährlichen Stellen mehr vor sich sieht, nur eine kleine etwas unwegsame, doch schon mehr als halbgebahnte Strecke. Verständlicher, wenn es durchs Vorhergehende nicht schon verständlich genug wäre, wird dies besonders durch S. 61ff., wo gesagt ist, daß ihr unter euren reinen qualitativen Einheiten und Kontinuitäten umsonst einen Unterschied einzuführen sucht, indem ihr einer den Namen einer synthetischen beilegt (die Sache liegt also bloß im Namen); Ich sage, die eine vermag so wenig als die andere zu dividieren und zu summieren, die Synthesis geschieht schlechterdings nicht durch sie; denn da müßte sie auch den Grund von der Antithesis in sich haben; hoc opus, hic labor; aber der leere Raum und die leere Zeit, und das Bewußtsein haben den Ursprung der Antithesis unmöglich in sich. — Kurz, der Verlauf der Sache ist: die absolute synthetische Einheit, die Totalität schließt alle Teile und Differenz in sich; — aber Ich Jacobi sage, das ist nur ein Name, sie ist eine abstrakte Einheit, eine leere Einheit, wie kann sie also der Grund selbst der Teilbarkeit und Antithesis sein? Ganz verständlich wird der Begriff der Identität und der transzendentalen Einheit durch die herzliche Freundschaft des Fortsetzers. Bei diesem sieht die Stelle der transzendentalen Einheit eben so wenig gefährlich, und mehr als halbgebahnt aus; dieser meint, der 81 Seiten (den *Vorbericht* abgerechnet) hindurch einförmige Gedanke, daß die reine Einheit, wie Jacobi Raum u.s.w. begreift, kein Mannigfaltiges sei, bedürfe vielleicht noch einiger Erläuterungen. In dem aus dem Poltern und Zanken ins Matte versinkenden Strome ist über die apriorische Synthesis, bei der Jacobi abbrach, folgendes zu finden: „Gesetzt, es gäbe ein reines / Mannigfaltiges, wodurch würde alsdenn die Verbindung möglich? Offenbar dadurch, daß sie in einem Dritten statt fände! — Köppen macht diesen klaren Gedanken auf folgende Weise klar: Gesetzt, wir haben ein Verschiedenes im Raume: so besteht seine Verbindung eben darin, daß es sich im Raume befindet. Noch klarer: Gesetzt, wir haben ein Verschiedenes im Bewußtsein: so besteht die

Verbindung darin, daß es im Bewußtsein vorhanden ist. Mehr Klarheit: Was verbindet nun die beiden räumlichen Gegenstände? Der Raum. Was verbindet die Mannigfaltigkeit des Bewußtseins? Das Bewußtsein. Die ganze Synthesis entdeckt uns nichts weiter als eine Identität. — Dieses Bisherige wird durch folgende Erläuterung begreiflicher gemacht: Insofern zwei Gegenstände sich im Raume befinden, sind sie sich, als räumlich, vollkommen gleich; insofern sie sich im Bewußtsein befinden, sind sie, als im Bewußtsein vorhanden, vollkommen dieselben. Wozu bedarf es hier noch einer besondern Handlung des Verbindens? Ist denn durch den Raum und das Bewußtsein, als passive Rezeptivitäten, nicht schon die ganze Synthesis vollständig? Der Verstand tut also nichts als Gleichsetzen, und damit dies möglich sei, wird Gleichfinden und Ungleichfinden vorausgesetzt. Jedes Urteil ist ein Ausdruck einer solchen gefundenen Identität; was sonst noch außer dem nicht zu Unterscheidenden in einem Urteile angetroffen werden mag, gehört zum Materialen desselben, und nimmt daher im Verstande nicht seinen Ursprung. Und dieses Geschäft des Verstandes, dieses Aufmerken, Begreifen einer vorhandenen Identität, zu deren Behuf die Einbildungskraft alles Besondere zerstören, alles Verschiedene aufheben muß, hieße Synthesis?? Es wird ja vielmehr alle Synthesis dadurch aufgehoben!"

Dies Köppen über die transzendentale Einheit der transzendentalen Apperzeption oder der produktiven Einbildungskraft. Es ist sehr verständlich Jacobis Begriff vom Wissen ausgesprochen; daß wir Menschen die Dinge durch den Sinn, und die übernatürliche Offenbarung des Sehens, Wahrnehmens und Empfindens, als Tatsachen empfangen, daß das so aus der Erfahrung Genommene (welche der besser organisierte und besser gesinnte Mensch besser macht, als die schlechtere Organisation und der schlechtere Sinn) schon und allbereits synthesiert ist, von uns nicht erst synthesiert zu werden braucht, noch auch synthesiert werden kann, denn unsere Tätigkeit auf dieses synthetisch Gegebene ist das Gegenteil eines Synthesierens, es ist ein

Analysieren desselben, und diese analytische Einheit, die wir im Objekt finden, ist so wenig ein Synthesieren, ein Verknüpfen des Mannigfaltigen, daß vielmehr das Mannigfaltige, das Materiale durch die analytische Einheit in die Abschnitzel fällt. Raum, Bewußtsein u.s.w., die objektive Welt, die Natur können wir nur nach analytischen Einheiten begreifen, und sie nur zergliedern; es ist (*Briefe über Spinoza.* S. 424) damit unserer Nachforschung ein unabsehliches (d. h. end- und totalitätloses) Feld eröffnet, welches wir schon um unserer physischen / Erhaltung willen zu bearbeiten genötigt sind; diejenigen Dinge, deren Mechanismus wir entdeckt haben, die können wir, wenn die Mittel selbst in unsern Händen sind, auch hervorbringen. Was wir auf diese Weise wenigstens in der Vorstellung konstruieren können, das begreifen wir; und was wir nicht konstruieren können, das begreifen wir auch nicht. Das Erkennen des Verstandes ist ein unaufhörliches Gleichsetzen, welches wir Verknüpfen nennen, und das nur ein fortgesetztes Vermindern und Vereinfachen des Mannigfaltigen ist; wenn es möglich wäre, bis zu seiner gänzlichen Wegräumung und Vernichtung (*Taschenbuch* S. 32). — Wir sagen dagegen, daß transzendentale Einbildungskraft und Vernunfterkenntnis etwas ganz anderes ist, als Jacobi begreift, daß sie weder die Natur analysiert, noch Gegebenes in analytische Einheit und Mannigfaltigkeit auseinander reißt, sondern selbst organisch und lebendig, und Totalität, die Idee der Totalität erschafft und konstruiert, als absolute ursprüngliche Identität des Allgemeinen und Besonderen, welche Identität Kant synthetische genannt hat, nicht als ob ein Mannigfaltiges vor ihr läge, sondern weil sie selbst in sich differenziert, zweiendig ist, so daß die Einheit und Mannigfaltigkeit in ihr nicht zu einander hinzutreten, sondern in ihr sich abscheiden und mit Gewalt, wie Plato sagt, von der Mitte zusammengehalten werden. Für den Sinn gibt Jacobi wohl eine Zweiendigkeit zu, weil bei diesem eigentlich gar nicht die Rede davon sein zu können scheint, daß er nicht mit einem gegebenen Objekte zu tun habe, und seiner eigenen Zweiendigkeit ungeachtet nicht bloße Passivität und Rezeptivität seie; — als ob in seiner Zweiendigkeit und Mitte nicht selbst schon die Enden wären.

Das Gepoltere und Gezänke des Aufsatzes der *Beiträge* hat Jacobi in dem *Überflüssigen Taschenbuch* 1802 auch für das unphilosophische Publikum und den Gaumen des philosophischen Dilettantismus zubereitet, und zu diesem Behuf der Bitterkeit noch empfindsame Jean-Paulsche Beisätze zugemischt, unvorteilhafterweise aber an sinnvolle humoristische Einfälle Lichtenbergs seine empfindsamen bissigen Edikte angeknüpft; denn Lichtenbergs tiefe und gutmütige launigte Laune erhöht durch den Kontrast unmittelbar den Eindruck einer untiefen bittern launischen Laune. Wie weit diese zu keinem Unterricht dienenden verschreienden Verunglimpfungen des Kritizismus für die Wirkung, der so etwas allein fähig sein kann, das unphilosophische Volk mit greulichem Entsetzen und Abscheu vor einem solchen Gespenst, wie die Kantische Philosophie ist, durch eine tüchtige Kapuzinade zu erfüllen, gut ausgeführt seien, und wie weit solche Gnomen und Sentimentalitäten, wie: der **Trieb** eines jeden lebendigen Wesens ist das **Licht** dieses Wesens, sein Recht und seine Kraft. Nur in **diesem Lichte** kann er wandeln, wirken **nur in dieser Kraft**. — Kein endliches Wesen hat sein Leben in ihm selbst; und so auch nicht von ihm selbst — seines Lichtes **Flamme**, seines Herzens **Gewalt**. — Mannigfaltig / ist die Gabe des Lebens; mannigfaltig das Erwachen in dasselbe; mannigfaltig seine Führung, sein Gebrauch. Gleich dem Tiere erwachet auch der Mensch, zuerst als ein sinnliches Geschöpf, an der bloß sinnlichen Natur. — Siehe da den Lächelnden, den Lallenden u.s.w. — inwiefern alles dies ungemeine Geistreichigkeiten und Erbaulichkeiten seien, gehört in ein anderes Fach der Kritik.

Wie der philosophische Aufsatz in den Reinholdischen *Beiträgen*, so enthält auch der populäre Aufsatz Stellen, welche dem unbefangenen äußern Ansehen nach eine philosophische Bedeutung haben könnten, z. B. S. 39f. Anmerkung (das Unterstrichene findet sich im *Taschenbuche* so unterstrichen): Empfindung, ... Gedächtnis und Einbildung setzen ein Erstes und Ursprüngliches des Bewußtseins und der Tätigkeit, ein Prinzip des Lebens und der Erkenntnis, ein in sich Seiendes zum Voraus, das, als solches, weder Eigenschaft noch Wirkung, auf keine Art und Weise ein in der Zeit Entstandenes sein kann; sondern Selbst-Wesen, Selbst-Ursache, (nach den *Briefen über Spinoza* S. 416 hat aber die causa sui ihren Ursprung im Vergessen des wesentlichen Unterschiedes zwischen dem Satze des Grundes und der Kausalität) ein Außerzeitliches sein muß, und, in dieser Eigenschaft, auch im Besitz eines außerzeitlichen bloß inwendigen Bewußtseins. Dieses außerzeitliche, bloß inwendige, von dem auswendigen und zeitlichen auf das klarste sich unterscheidende Bewußtsein, ist das Bewußtsein der Person, welche zwar in die Zeit tritt, aber keineswegs in der Zeit entsteht als ein bloß zeitliches Wesen. Dem zeitlichen Wesen gehört der Verstand; dem außerzeitlichen die Vernunft. — Man könnte denken, daß Jacobi jetzt für die Vernunft den Satz des Grundes und des principii compositionis der ältern Metaphysik für befriedigender halte, weil er das, was er an ihm vermißte, die Sukzession hier selbst aus der Vernunft als dem Außerzeitlichen ausschließt; so auch, daß die blinde Einbildungskraft Kants ihrem Prinzip nach zugleich in dieser Vernunft, welche ein inwohnendes und außerzeitliches Bewußtsein ist, enthalten sei, welches sich von dem zeitlichen und auswendigen Bewußtsein klar unterscheidet, denn das, was man Sehen nennt, ist allein im auswendigen und zeitlichen Bewußtsein. Oder wenn Jacobi fortfährt: Der Verstand isoliert, ist materialistisch und unvernünftig: er leugnet den Geist und Gott. Die Vernunft isoliert, ist idealistisch und unverständig: sie leugnet die Natur und macht sich selbst zum Gott. Der ganze, unzerstückte, wirkliche und wahrhafte Mensch ist zugleich (das heißt wohl nicht nebeneinander, sonst wären es zwei Stücke und Teile) Vernunft und Verstand, glaubet ungeteilt und mit einerlei Zuversicht — an Gott, an die Natur, und an den eigenen Geist — so müßten / wir den ungeteilten Glauben begreifen als eine Identität der Vernunft und des Verstandes, d. h. als ein Zugleich des Leugnens Gottes und des sich selbst zum Gott-machens, der Identität des Zeitlichen und Außerzeitlichen, d. h. einer ewigen Zeit u.s.w., ohne daß man die Jacobische Philosophie im geringsten galimathisierte, wie sie bei Spinoza und Kant tat, indem sie das, was das Charakteristische des Isolierten, insofern es isoliert gehalten wird, ist, in das Ungeteilte hinein trägt[1]; — so wie auf der andern Seite diesen ungeteilten Glauben, als ein ungeteiltes, ein reines, reines, reines, wellenloses Eins, Anfang-Mittel- und Endlose Ein-Fach-Heit, ohne Derheit, Dieheit, Dasheit u.s.w. (siehe Aufsatz in Reinholds *Beiträgen*. 3. Heft passim). Wer Lust und Gefallen daran hätte, sich an einer Schnur von Unsinnigkeiten und Galimathias fortschwatzen zu lassen, fände in diesen Jacobischen Aufsätzen die beste Gelegenheit, an der Ungeteiltheit des Außerzeitlichen und des Zeitlichen, der Selbstwesenheit und des Empirischen u.s.w. Diese Zusammensetzungen sind nämlich nicht so zu verstehen, daß das Zeitliche in dem Außerzeitlichen, das empirische Bewußtsein in Vernunftanschauung zu Grunde ginge, alle Endlichkeit sich im Unendlichen versenkte, und nur Eine Totalität als das Ansich, das weder isolierter Verstand noch isolierte Vernunft ist, erkannt würde, denn da würde das Fürchterliche erfolgen, daß das endliche Sein der Dinge

---

[1] Jacobi schließt diese Anmerkung so: „Dieser dreieinige, allgemein unphilosophische Glaube muß auch im strengsten Sinn philosophischer, in der Reflexion bestätigter Glaube (durch die Bestätigung in der Reflexion, wenn hierin anders ein Sinn liegt, fällt aber die Form des Glaubens weg) werden können; und ich bin kühn genug, zu sagen: daß ich weiß, er kann es werden; daß ich den Rückweg sehe, auf dem ein verirrtes Nachdenken (Reinhold hat sich mit diesem Prädikat bezeichnet, und Jacobi hält also Reinholds jetzige Periode für eine Verirrung, und glaubt an eine nochmalige Verwandlung, ein Auskriechen desselben als Sylphide einer unsterblichen Philosophie, deren Prinzip das Gottleugnen und das sich selbst zum Gott machen, den Verstand und die Vernunft, verbindet, und den Menschen ganz läßt, wie er ist) hier wieder ankommen, und dann erst eine wahre Philosophie, eine den ganzen Menschen erleuchtende Wissenschaft und Weisheit hervorbringen wird." Diese den philosophischen Dilettanten gegebene Notiz kann das philosophische Publikum, bis zur Erscheinung jener Verwandlung, ignorieren.

sich vernichtete, und die endlichen Dinge zu Erscheinungen und Gespenstern würden; wenn die Vernunft das Endliche als nicht absolut, als nicht ewig erkennt, so kann der Mensch nur (*Taschenbuch.* S. 36) Dasein haben durch Phantasie, nur Vernichtung durch Vernunft; und doch ist dem Menschen Vernunftberaubung das Ärgste; und dann ist das eröffnete Menschenlos ein Los der grauenvollsten Verzweiflung; — nein, nach diesem grellsten aller Synkretismen soll die Vernunft als die Erkenntnis des Außerzeitlichen und des Selbstwesens auch dem Verstand / als dem Zeitlichen und Unwesentlichen sein Recht lassen, und wenn sie der Gottheit einen Tempel erbaut, so human sein, auch dem Teufel seine Kapelle daneben zu lassen.

Aus dem ganzen Bisherigen, sowohl dem Positiven als Polemischen des Wissens der Jacobischen Philosophie ist der Charakter dieses Wissens hervorgegangen, daß die Vernunft Tatsachen analysieren, das Allgemeine vom Besondern trennen, und an leerer Identität fortgehen kann, und wo eine Philosophie eine absolute Identität des Allgemeinen und Besondern aufstellt, da wird diese Identität schlechthin wieder zu einer vom Besondern herausgetrennten Allgemeinheit gemacht, und die Notwendigkeit ihr erwiesen, daß zu ihrem Allgemeinen Besonderes erst hinzukommen müsse, oder daß sie zu dem gegebenen Besondern nur hinzutrete; wo Jacobi selbst eine Zweiendigkeit, eine Subjekt-Objektivität anerkennt, muß sie in Form eines Sinnes, eines Dinges, eines Erfahrnen sein, das seinen Charakter eines Gegebenen, einer unverrückten Entgegensetzung gegen das denkende Subjekt nicht verlieren, noch als freie Vernunftidee und Gemeingut der Wissenschaftlichkeit, sondern nur als etwas subjektiv Geistreiches ausgesprochen werden darf; und Denken und Sein, das Allgemeine, welches formale Identität, und das Besondere, welches ein Gegebenes bleibt, die geistreiche Subjektivität und die Objektivität des Wissens kommen im Erkennen nicht zusammen; die gegebene Tatsache und die sie denkende Subjektivität, eins ist wie das andere ein Absolutes. — Wir haben nunmehr den Punkt zu betrachten, wie die absolute Identität, die nicht im Erkennen ist, und doch muß sie schlechthin zugleich für die sich absolut setzende Subjektivität sein, für eine solche ist; dies Verhältnis nun einer absoluten Endlichkeit zum wahrhaft Absoluten ist der Glaube, in welchem die Subjektivität sich zwar vor dem Ewigen als Endlichkeit und Nichts anerkennt, aber selbst dies Anerkennen so einrichtet, daß sie sich als ein an sich, außer dem Absoluten Seiendes rettet und erhält. Dem vom Besondern abgetrennten Allgemeinen ist aber nicht nur das absolute Identische beider, sondern auch das Besondere entgegengesetzt; und auch auf das Wissen von dem Besondern außer dem Begriff, auf die empirische unmittelbare Vorstellung der gemeinen Objektivität hat Jacobi den Glauben ausgedehnt, indem er diese Bedeutung von den Ur- und Grundempirikern Hume und Locke aufnahm, welche es vorzüglich sind, die das Philosophieren in diese Endlichkeit und Subjektivität versenkt, dies Begründen der Erkenntnis und Kritisieren der menschlichen Gemütskräfte an die Stelle des Erkennens, das Besondere als solches als das Absolute gesetzt, durch Analyse sinnlicher Erfahrung die Metaphysik vertrieben, und deren Reflexionswesen auf deutschem Grund und Boden weitläufiger und systematischer ausgesponnen, deutsche, d. h. Kantische, Jacobische und Fichtesche Philosophie genannt wird. Abgesehen von der Beziehung des Glaubens auf Philosophie, so ließ Mendelssohn und andere sich nicht / träumen, da noch eine Tradition von dem, was Gegenstand philosophischer Erkenntnis sei, da war, daß Jacobi auf die Gewißheit des gemeinen Objektiven den Namen Glauben ausdehnte, und dadurch der Gewißheit der gemeinen Objektivität von seiner Seite eben die Wichtigkeit gab, welche Hume, Kant und Fichte ihr auf eine andre Weise gaben, eine Wichtigkeit, die, da Jacobi durch Behauptung derselben, und Hume, Kant und Fichte durch Verneinung derselben, beide Teile gleicherweise ein und ebendieselbe Beschränktheit und Endlichkeit absolut machen, für beide ganz dieselbe wird, indem es völlig gleichgültig ist, ob die Endlichkeit etwas Objektives (im gemeinen Sinne) oder Subjektives sei, wenn sie absolut ist; Mendelssohn dachte beim Jacobischen Glauben nicht an Gewißheit von zeitlichen Dingen, sondern an die durch Vernunft nicht erkannte Gewißheit des gemeinen Bewußtseins von Ewigem und Außerzeitlichem; indem er (*Briefe über Spinoza.* S. 92) sich ausdrückt: Meine Religion kennet keine Pflicht, dergleichen Zweifel anders als durch Vernunftgründe zu heben, befiehlt keinen Glauben an ewige Wahrheiten; — indem er von ewigen Wahrheiten als dem Gegenstande der Philosophie spricht, so hatte er die Idee, daß die Philosophie sich nicht mit der Gewißheit empirischer Wirklichkeit beschäftige, und daß auch Jacobi bei seinem Glauben nicht den Humeschen Glauben an sinnliche Wahrnehmung im Sinn habe.

Jacobi aber hatte nicht ewige Wahrheiten, sondern die Wahrheit gemeiner Wirklichkeit im Sinne; auf die geht unmittelbar die erste Jacobische Erklärung gegen Mendelssohn (*Briefe über Spinoza.* S. 215ff.): „Lieber Mendelssohn, wir alle werden im Glauben geboren, und müssen im Glauben bleiben. Durch den Glauben wissen wir, daß wir einen Körper haben, und daß außer uns andere Körper und andre denkende Wesen vorhanden sind. Eine wahrhafte, wunderbare Offenbarung! Denn wir empfinden doch nur unsern Körper, so oder anders beschaffen; und indem wir ihn so oder anders beschaffen fühlen, werden wir nicht allein seine Veränderungen, sondern noch etwas davon ganz Verschiedenes, das weder bloß Empfindung, noch Gedanke ist, andere wirkliche Dinge (ist von Jacobi selbst unterstrichen) gewahr, und zwar mit eben der Gewißheit, mit der wir uns gewahr werden; denn ohne Du, ist das Ich unmöglich. Wir erhalten also, bloß durch Beschaffenheiten, die wir annehmen, alle Vorstellungen, und es gibt keinen andern Weg reeller Erkenntnis; denn die Vernunft, wenn sie Gegenstände gebiert, so sind es Hirngespinste. So haben wir denn eine Offenbarung der Natur, welche nicht allein befiehlt, sondern alle und jede Menschen zwingt, zu glauben, und durch den Glauben ewige Wahrheiten anzunehmen." — Es ist hier das Wissen von gemeiner Wirklichkeit, die sinnliche Wahrnehmung nicht nur in den Glauben / eingeschlossen, sondern auf sie ganz allein der Glaube und die ewigen

Wahrheiten eingeschränkt. — Jacobi fährt fort: „Einen andern Glauben lehrt die Religion der Christen, — sie befiehlt ihn nicht. Einen Glauben, der nicht ewige Wahrheiten, sondern die endliche zufällige Natur des Menschen zum Gegenstande hat." — Also jene ewigen Wahrheiten vom Haben eines Körpers, und andern Körpern und dem Dasein außer uns anderer Körper und wirklicher Dinge beträfen nicht die zufällige endliche Natur des Menschen? und welch' eine schlechte Natur müßte vollends diejenige sein, welche im Verhältnis zu jener ersten selbst noch endlich und zufällig ist; und welch' eine Religion die christliche, welche diese noch niedrigere, noch endlichere und zufälligere Natur zum Gegenstande hätte.

Da Jacobi in dieser Erklärung, die durch die besondern Umstände ihrer Veranlassung und ihrer dadurch bewirkten Absichtlichkeit noch mehr Gewicht erhält, den Glauben und ewige Wahrheiten auf das Zeitliche und Körperliche ausdrücklich einschränkt, so ist ganz konsequent, die Kantische und Fichtesche Philosophie zu verabscheuen, welche darauf gehen, daß im Endlichen und Zeitlichen keine Wahrheit sei, und welche vorzüglich in der Negativität groß sind, in welcher sie erweisen, was endlich und Erscheinung und Nichts ist; die Kantische und Fichtesche Philosophie, indem sie einen unverrückten Gegensatz zwischen Erkennen und Glauben festhalten, setzen unmittelbar die Entgegensetzung und damit die Endlichkeit als solche selbst absolut; aber mit dem Unterschiede, daß diese Endlichkeit eine leere und nichts als der reine, unendliche Begriff der Endlichkeit, welche dadurch der Unendlichkeit gleich wird, jeder Inhalt aber und Erfüllung, den sich diese Endlichkeit gibt und geben muß, eine Nichtigkeit sein soll; Jacobi aber verlangt dieses Nichtige in seiner ganzen Länge und Breite und erhebt ein ungebärdiges Zetergeschrei über die Vernichtung dieser Nichtigkeit. Es ist ferner hierüber, daß die Kantische und Fichtesche Philosophie die unmittelbare Gewißheit des Übersinnlichen als Glauben statuieren, nicht das mindeste Mißverständnis möglich, ebensowenig darüber, daß wenn Kant den Ideen alle Realität von Seiten der theoretischen Vernunft abspricht, ihm die theoretische Erkenntnis eine Bestimmung durch die Kategorien ist, die ihre Realität allein in der Sinnenwelt und in der Erfahrung haben, oder die überhaupt nur ein verständiges, nicht ein vernünftiges Erkennen möglich machen. Wenn nun Kant den Vernunftbegriffen in dem Sinne alle Realität abspricht, daß sie in einer sinnlichen Wahrnehmung und durch Verstandesbegriffe vermittelten Erfahrung nicht gegeben werden können, und im Felde der Erfahrung nur regulative Prinzipien für den Verstandesgebrauch seien, so sieht Jacobi darin, daß ein zeitliches und körperliches Dasein von ihnen geleugnet wird, die Vernichtung dieser / Ideen selbst, und fragt (Reinholds *Beiträge.* 3. Heft. S. 36f.) **jeden Redlichen auf sein Gewissen**, ob er wohl, nachdem er einmal deutlich eingesehen hat, daß die Idee für das körperliche und zeitliche Wissen und Erfahren und sinnliche Wahrnehmen nur problematisch sei, „zu jenen nun ein für allemal ausgemacht **objektiv** — wohlgemerkt in welchem Sinne — grundlosen, je aus irgend einer Ursache als zu **objektiv wahren** und realen Vorstellungen werde zurückkehren, und ein aufrichtiges, herzliches Vertrauen in sie setzen können? **Ich sage, es ist unmöglich!**" — Man muß **vielmehr sagen**, ganz allein nach Vernichtung jener Art von Realität ist es möglich, zu den Ideen ein Zutrauen zu fassen, hingegen im Bestehen des Dogmatismus der absoluten Endlichkeit und Subjektivität, der die ewigen Wahrheiten in die Körper und andere wirkliche Dinge setzt, ist es unmöglich. Es kann als Beispiel, bis zu welchen hämischen Verdrehungen dieser blinde Haß gegen das Vernichten der Zeitlichkeit, und der heilige Eifer für die gute Sache der wirklichen Dinge treibt, eine bei dieser Gelegenheit vorkommende Zitation nicht vorbeigegangen werden (es ist damit nicht gesagt, als ob diese mit den obenangeführten Zitationen die einzigen der Art wären, sondern es sind nur die einzigen, die wir bei Kant nachgeschlagen haben); S. 99 f. Reinhold 3. Heft sagt Jacobi oder Köppen: Weit konsequenter wäre es daher, wenn wir bei **allen Vorstellungen** von Gott und Unsterblichkeit an gar keine Objektivität dächten, und mit dem Verfasser der Vernunftkritik sagten: **Alles was Religion und Frei-**

heit betrifft, ist bloße Vernunftidee, bloße heuristische Fiktion, und abgesehen von seiner Brauchbarkeit als leitendes Prinzip des Verstandes, ein bloßes Gedankending
* von unerweislicher Möglichkeit. — Dazu ist zitiert *Kritik der reinen Vernunft* S. 799, da heißt es: die **Vernunftbegriffe** sind bloße Ideen, und haben freilich keinen Gegenstand in irgend einer Erfahrung; sie sind bloß problematisch gedacht u.s.w. Aus den Vernunftbegriffen, von denen hier ganz allein in theoretischer **Beziehung** die
10 Rede ist, wird von Jacobi oder Köppen ganz unbedingt und uneingeschränkt gemacht: **alles was Religion und Freiheit betrifft**, und dies sei bloße Fiktion — und was Kant von ihrer theoretischen Realität sagt, ist von ihrer Realität überhaupt ausgesprochen.

Neben dem, daß Jacobi den Glauben in die Wirklichkeit und sinnliche Erfahrung herabgezogen hat, und von diesem allein gegen Mendelssohn spricht, hat er aber auch noch einen Glauben nicht an die Endlichkeit, sondern an das Ewige, und wir müssen sehen, ob dieser Glaube, der das
20 Ewige als absolutes Objekt, und von ihm getrennt und unvereinigt das Erkennen setzt, und vernünftiges Erkennen dadurch, daß das Erkennen nur als etwas Subjektives und formales Wissen anerkannt ist, ausschließt, durch die Versetzung in das Verhältnis zur Reflexion auch als Glaube / nicht verunreinigt worden ist. Der Glaube des nicht zu abstrakter Reflexion sich erhebenden Menschen hat die Unbefangenheit, daß er nicht der Reflexion entgegengesetzt ist; er ist sowohl ohne die Reflexion, daß die Beziehung auf das Ewige in Form des Glaubens als einer unmit-
30 telbaren Gewißheit, die nicht durch Denken objektiv und in die Form des Begriffes aufgenommen worden ist, der vernünftigen Erkenntnis, ohne ihr notwendig zu widerstreiten, gegenübersteht, als auch ohne Beziehung auf eine Entgegensetzung überhaupt; eine reine rücksichtslose Position, nicht eine Negation, weder eines andern Glaubens an etwas anders, noch einer andern Form für den Inhalt dieses Glaubens; inwieferne die Unbefangenheit des Glaubens durch jene Rücksicht affiziert werden könne, gehört nicht hierher; die Rücksicht allein gehört hierher, wenn der Glaube

als solcher mit Bewußtsein über sich selbst verbunden ist, und wenn er das formale, endliche Wissen negiert, inwiefern er mit dieser Rücksicht auf das endliche Wissen, da kein vernünftiges Wissen zu Stande kommen soll, sich in Wahrheit über die Subjektivität und Endlichkeit zu erheben fähig sei; in dieser negierenden, bewußten Gestalt tritt der Glaube bei Kant, Jacobi und Fichte auf. Die ganze Sphäre der Endlichkeit, des selbst Etwas-seins, der Sinnlichkeit, versinkt im wahrhaften Glauben vor dem Denken und Schauen des Ewigen, was hier Eins wird, alle Mücken der Subjektivität verbrennen in diesem verzehrenden Feuer, und selbst das Bewußtsein dieses Hingebens und Vernichtens ist vernichtet; auch unter den religiösen Handlungen, in welchen der Glaube, Gefühl und Schauen ist, gibt es mehr und weniger reine und objektive; wie im Gesang das Bewußtsein und die Subjektivität sich mehr in die allgemeine objektive Harmonie verschmilzt, als sie im stillen Gebet sich aufhebt. Aber Glaube in die Philosophie eingeführt, verliert völlig jene reine Unbefangenheit; denn jetzt ist es die Vernunft, die zu ihm aus der Reflexion flüchtet, um die Endlichkeit zu vernichten und die Subjektivität aufzuheben, aber von dieser vorhandenen Opposition gegen die Reflexion und Subjektivität wird eben darum der Glaube selber affiziert; es bleibt in ihm, denn er hat hier zugleich die Bedeutung dieses Negierens, die Reflexion auf die Vernichtung der Reflexion und die Subjektivität des Bewußtseins der Vernichtung der Subjektivität; und die Subjektivität hat sich so in ihrer Vernichtung selbst gerettet. Weil in dem auf seinen Glauben nicht reflektierenden Bewußtsein endliches Denken und Glauben auseinander liegt, ist wegen dieses Auseinanderliegens ein solches Bewußtsein ein nichtphilosophisches Bewußtsein; das endliche Tun und Treiben und die sinnliche Wahrnehmung — und auf der andern Seite der Gottesdienst wechseln miteinander ab, und wenn dem religiösen Menschen alles endliche Objektive zugleich unter einer Gestalt der Ewigkeit sich darbietet, und sein Tun gleichfalls / eine solche Gestalt ausdrückt, so ist diese Gestalt der Ewigkeit dabei etwas Subjektives; es ist die sittliche einzelne Schönheit, die sich

darstellt; die wahrhafte Objektivität und Allgemeinheit erhält diese Schönheit in der Kunst und Philosophie, in welchen der aufs Absolute sich beziehende Gegensatz von Glauben und Reflexion verschwindet, sowohl insofern er im gemeinen Bewußtsein unbewußt, als insofern er in Reflexionsphilosophien bewußt vorhanden ist. Indem er im gemeinen Bewußtsein unbewußt vorhanden ist, vermag der Glaube, und das, was aus dem Glauben kommt, rein zu sein, denn die Subjektivität und Endlichkeit liegt völlig
10 jenseits, ohne Berührung und Beziehung darauf; so bleibt aber der in die Philosophie eingeführte Glaube nicht; denn hier hat er eine Rücksicht und Bedeutung des Negierens, und in diesem Negieren berührt und dadurch erhält er die Subjektivität; er ist von dem Gegensatz selbst affiziert, so wie dasjenige, was seinen Inhalt macht, als Übersinnliches eine unverrückte Sinnlichkeit, das Unendliche eine unverrückte Endlichkeit gegen sich hat; und weil in ihm beides, vernichtete und gerettete Subjektivität ist, so ist diese gerechtfertigt, denn sie beruft sich auf ihr Vernichtetsein, da
20 sie im gemeinen rücksichtslosen Glauben hingegen wahrhaft verschwunden, und vor ihm etwas Unheiliges ist.

Diese Verunreinigung des Glaubens und diese Heiligung der Subjektivität muß uns noch kürzlich auf die praktische Philosophie Jacobis führen. Kants praktische Vernunft oder der leere Begriff in seiner unverrückten Entgegensetzung gegen die Natur kann nichts anderes als ein System der Tyrannei und des Zerreißens der Sittlichkeit und Schönheit produzieren, oder wie die Kantische Moral, sich an nichts bestimmende, formelle, sogenannte Pflichten halten,
30 deren Aufzählung und Darstellung in wissenschaftlicher Inkonsequenz der Konsequenz der Natur nachgibt, und diese Seite allein, indem sie in der Möglichkeit einer Kasuistik die wissenschaftliche Nichtigkeit zugleich gesteht, macht das Bestreben sittlicher Ideen sichtbar; aber in der Rechtslehre muß bestimmt werden, hier geht es nicht, die Bestimmtheit wieder ins Unbestimmte gehen zu lassen, und diese Wissenschaft hat denn notwendig die sittliche Natur mit den grellsten Schändlichkeiten besudeln müssen. Der allgemeine Haß der Jacobischen Philosophie

gegen den Begriff verschmäht notwendig seine objektive Form der Sittlichkeit, Gesetz, und vollends das reine Gesetz, als formales Sittenprinzip; und unter andern vortrefflichen Stellen hierüber ist die im *Brief an Fichte* S. 32 schön und ganz rein: Ja ich bin der Atheist und Gottlose, der, dem Willen, der Nichts will, zuwider — lügen will, wie Desdemona sterbend log; lügen und betrügen will, wie der für Orest sich darstellende Pylades; morden will, wie Timoleon; Gesetz und Eid brechen wie Epaminondas, wie Johann de Witt; Selbstmord beschließen wie Otho, Tempelraub begehen wie David — Ja, Ähren ausraufen am Sabbath, auch nur darum, weil mich hungert, und das Gesetz um des Menschen willen gemacht ist, nicht der Mensch um des Gesetzes willen. — Denn mit der heiligsten Gewißheit, die ich in mir habe, weiß ich — daß das **privilegium aggratiandi** wegen solcher Verbrechen wider den reinen Buchstaben des absolut allgemeinen Vernunftgesetzes, das eigentliche Majestätsrecht des Menschen, das Siegel seiner Würde, seiner göttlichen Natur ist.

Wir haben diese Stelle Jacobis ganz rein genannt, insoferne — denn das Sprechen in der ersten Person, Ich bin und Ich will kann ihrer Objektivität nicht schaden — der Ausdruck, daß das Gesetz um des Menschen willen, nicht der Mensch um des Gesetzes willen gemacht ist, ohne Rücksicht auf die Bedeutung, die dieser Ausdruck da hat, wo er hergenommen ist, auch in diesem Zusammenhang zwar eine allgemeinere Bedeutung gewinnt, aber seine wahre behält. — Der sittlichen Schönheit kann keine von beiden Seiten fehlen, weder ihre Lebendigkeit als Individualität, daß sie nicht dem toten Begriffe gehorcht, noch die Form des Begriffs und des Gesetzes, die Allgemeinheit und Objektivität, die Seite, welche Kant durch die absolute Abstraktion allein gesetzt, und der er die Lebendigkeit durchaus unterworfen, und sie getötet hat. Die angeführte Stelle über die Seite der Lebendigkeit und Freiheit der Sittlichkeit schließt ihre Objektivität nicht, aber drückt sie auch nicht aus; und über ihre Notwendigkeit und Objektivität müssen wir uns nach andern Daten umsehen. Schon dasjenige, was an Beispielen von sittlichen Charakteren, woran Jacobi seine Idee der Sittlichkeit klar machen will, herausgehoben wird, zeigt die Vernachlässigung der gesetzlichen und objektiven Seite. Bei den Spartanern, Spertias und Bulis (*Briefe über Spinoza.* S. 240) ist es ihre **Erfahrung**, was ihre Sittlichkeit bestimmt; sie sagen nicht, merkt Jacobi an, zu Hydarnes, der sie bereden wollte, Freunde des Königs zu werden: du bist ein Tor; sie gestanden vielmehr, daß er weise sei in **seinem Maße**, einsehend und gut; sie versuchten es auch nicht, ihm **ihre Wahrheit** beizubringen, sie beriefen sich nicht auf ihren Verstand, auf ihr feines Urteil; sondern nur auf **Dinge**, und auf ihre Neigung zu diesen Dingen; sie rühmten sich auch keiner Tugend, und hatten auch keine Philosophie, sie bekannten nur ihres Herzens Sinn, **ihren Affekt**; und bei Xerxes seien sie nicht **deutlicher** geworden, als bei Hydarnes, dem sie **ihre Erfahrung** nannten. — Zu Xerxes sagten sie nämlich: „ wie könnten wir hier leben; **unser Land, unsere Gesetze** verlassen, und **solche Menschen**, daß wir, um für sie zu sterben, freiwillig eine so weite Reise unternommen haben." Kann es aber eine größere Deutlichkeit des Sittlichen geben? Ist hier nur Subjektivität der Erfahrung, des Sinnes, einer Neigung sichtbar? Dem Satrapen bewiesen sie gerade ihre Verachtung, daß sie ihm von **seiner** und **ihrer Erfahrung** und **Neigung** sprachen, und seiner Subjektivität ihr Wesen in der Form einer Subjektivität entgegensetzten; der Majestät des Monarchen aber bewiesen sie ihre Ehrfurcht, daß sie vor ihm ganz **deutlich** / wurden, und das Objektivste, und für ihn eben so Heilige als für sie, nämlich Land, Volk und Gesetze nennen. Aber Jacobi nennt, was das Lebendigste ist, Vaterland, Volk und Gesetze, **Dinge**, an die sie gewöhnt seien, wie man an Dinge gewöhnt ist; er begreift sie nicht als heilige Dinge, sondern als gemeine, denn gegen heilige Dinge ist nicht ein Verhältnis des Gewohntseins und der Abhängigkeit; — er begreift als eine Zufälligkeit und Abhängigkeit, worin die höchste Notwendigkeit und die höchste Energie sittlicher Freiheit ist, den Gesetzen eines Volkes, und noch dazu des spartanischen gemäß zu leben — als etwas gemein Empirisches, was das Vernünftigste ist.

Die Erbärmlichkeit der Subjektivität aber, sich auf feines Urteil und Verstand zu berufen, oder sich einer Tugend zu rühmen, war ihnen ohnehin nicht zuzumuten, und das Nichtvorhandensein einer solchen Erbärmlichkeit ist etwas zu Schlechtes, um an ihnen als Tugend ausgezeichnet werden zu können. — Noch weniger ist an das Herausheben der Objektivität bei Kleomenes in *Woldemar* zu denken, da dieser Spartaner hier eingeführt ist, nicht in den Verhältnissen mit seinem Vaterland und in der Kraft seiner wahrhaften Tugend, sondern in der Individualität seines Untergangs, und um wen? zu erbauen, affektierte oder unbedeutende Weiber und empfindsame Bürger.

Sonst aber kann man, da für Jacobi sittliche Schönheit dem Begriffe und der Objektivität zuwider ist, sich darüber allein an Gestalten halten, in denen er seine Idee der sittlichen Schönheit klar machen wollte. Der Grundton aber dieser Gestalten ist dieser bewußte Mangel an Objektivität, diese an sich selbst festhängende Subjektivität, die beständige, nicht Besonnenheit, sondern Reflexion auf seine Persönlichkeit, diese ewig auf das Subjekt zurückgehende Betrachtung, welche an die Stelle sittlicher Freiheit höchste Peinlichkeit, sehnsüchtigen Egoismus und sittliche Siechheit setzt; ein Betrachten seiner selbst, welches mit schöner Individualität eben die Verwandlung vornimmt, die mit dem Glauben vorging, nämlich durch dies Bewußtsein individueller Schönheit sich das Bewußtsein der aufgehobenen Subjektivität und des vernichteten Egoismus zu geben, aber durch dies Bewußtsein gerade die höchste Subjektivität und innern Götzendienst gesetzt und sie zugleich gerechtfertigt zu haben. Wie wir bei den Dichtern, welche erkennen, was ewig und was endlich und verdammt ist, bei den Alten, Dante, und an dem schon in seinem Leben eine Zeitlang der Hölle hingegebenen Orest bei Goethe die Verdammnis der Hölle ausgesprochen finden, nämlich als das ewige Verbundensein mit der subjektiven Tat, das Alleinsein mit seinem eigenen sich selbst Angehörigen, und die unsterbliche Betrachtung dieses Eigentums, so sehen wir an den Helden Allwill und Woldemar eben diese Qual der ewigen Beschauung ihrer selbst nicht einmal in einer Tat, sondern in der noch größern Langeweile und Kraftlosigkeit des leeren / Seins, und diese Unzucht mit sich selbst, als den Grund der Katastrophe ihrer unromanhaften Begebenheiten dargestellt, aber zugleich in der Auflösung dies Prinzip nicht aufgehoben, und auch die unkatastrophierende Tugend der ganzen Umgebung von Charakteren wesentlich mit einem Mehr oder Weniger jener Hölle tingiert.

Wenn also bei Jacobi die protestantische Subjektivität aus der Kantischen Begriffsform zu ihrer wahren Gestalt, einer subjektiven Schönheit der Empfindung und der Lyrik himmlischer Sehnsucht zurückzukehren scheint, so ist doch der Glaube und die individuelle Schönheit durch das wesentliche Ingrediens der Reflexion und des Bewußtseins über diese subjektive Schönheit aus der Unbefangenheit und Rücksichtslosigkeit herausgeworfen, wodurch sie allein fähig ist, schön und fromm und religiös zu sein. Es ergibt sich also aus dem Bisherigen, daß die Kantische Philosophie der Jacobischen entgegengesetzt ist, insofern innerhalb der Sphäre, die ihnen gemeinschaftlich ist, die Kantische absolute Subjektivität und Endlichkeit in reiner Abstraktion setzt, und dadurch die Objektivität und die Unendlichkeit des Begriffs gewinnt, die Jacobische aber die Endlichkeit selbst nicht in den Begriff aufnimmt, sondern sie als endliche Endlichkeit, als empirische Zufälligkeit, und Bewußtsein dieser Subjektivität zum Prinzip macht. Die gemeinschaftliche Sphäre beider Philosophien ist das Absolutsein des Gegensatzes von Endlichkeit, Natürlichem, Wissen – aber ebendeswegen einem formalen – und von Übernatürlichem, Übersinnlichkeit und Unendlichkeit; für beide also ist das wahrhaft Absolute ein absolutes Jenseits im Glauben oder im Gefühl, und nichts für die erkennende Vernunft. In beiden kommt die spekulative Idee vor; in der Kantischen Philosophie tritt sie in die Deduktion der Kategorien rein ein, um sogleich aber eine reine Identität, eine Verstandeseinheit zu werden, und sonst als ein bloß möglicher Gedanke, der im Denken keine Realität gewinnen kann, weil die Reflexion schlechthin das Herrschende sein soll; bei Jacobi ist sie ebenso in subjektiver Form als etwas Partikuläres, Geistreiches, das ebensowenig in die Allgemeinheit aufgenommen, als die Vernunft aus dem Instinkt und subjektiver Individualität sehend, nämlich etwas fürs Denken werden darf.

Weil diese Seite des überwiegenden Subjektiven und Endlichen, welche, wenn einmal die Philosophie ihre Richtung nach der Form der Reflexion hin genommen hat, notwendig ist, von andern philosophischen Bestrebungen zwar gleichfalls, aber teils schwächer, teils nicht mit dieser Prätention ausgedrückt wird, so konnte sie an der Jacobischen Form, welche die theoretische und praktische Subjektivität, so wie das Jenseits des Glaubens am klarsten ausspricht, als an der Repräsentantin ihrer Gattung, vorzugsweise dargestellt werden. Zugleich aber ist zu bemerken, daß diese Seite selbst in einer höhern und edlern Gestalt kann aufgefaßt werden. Es ist schon / erinnert worden, daß das Prinzip des Jacobischen Philosophierens, indem es das Individuelle und Besondere über den Begriff erhebt, und die subjektive Lebendigkeit geltend macht, sich einerseits der subjektiven Schönheit des Protestantismus nähert, welcher den Umgang mit Gott und das Bewußtsein des Göttlichen nicht in der sättigenden Objektivität eines Kultus, und dem in sich klaren und gegenwärtigen Anschauen und Genuß dieser Natur und dieses Universums erkennt, sondern jenen Umgang und Bewußtsein als ein Inneres, das die fixe Form eines Innern behält, und als eine Sehnsucht nach einem Jenseits und einer Zukunft bestimmt; eine Sehnsucht, die, obschon sie mit ihrem ewigen Objekt sich nicht vereinigen kann, darin, daß ihr Objekt wahrhaft und ohne im Hinterhalte etwas Eigenes für sich behalten zu wollen, das Ewige ist, ihre Schönheit und ihren unendlichen Genuß hat; andererseits aber wird durch das Jacobische Prinzip die Schönheit der Individualität, und ihre Form der Empfindung, und Liebe und Glaube dadurch getrübt, daß der Glaube, insofern er auf das Ewige geht, eine polemische Rücksicht und damit den unüberwindlichen Reflex der Subjektivität hat, und auch als absolute Gewißheit auf das Zeitliche und Wirkliche ausgedehnt wird, so daß das Zeugnis der Sinne für eine Offenbarung von Wahrheit gilt und Gefühl und Instinkt die Regel der Sittlichkeit enthalten, und daß durch die Reflexion auf die Persönlichkeit und darauf, daß der Mensch überhaupt und die besondere Person das Subjekt solcher schönen Empfindung und Liebe ist, die Sehnsucht ein Wärmen an seiner Subjektivität, seinen schönen Gedanken und Empfindungen wird. Die Wahrheit aber, die in der Natur ist, vermag in der Form der Wirklichkeit und Zeitlichkeit, und das Bewußtsein seiner absoluten Persönlichkeit nicht den Schmerz der religiösen Sehnsucht zu versöhnen, noch ihn aus seinem Jenseits zurückzurufen; denn die Natur als Zeitliches und das Individuum als ein in seiner Einzelheit Absolutes ist nicht die Natur als Universum, in dessen Schauen als einem diesseitigen die Sehnsucht ihren Frieden finden könnte, noch die Absolutheit des Subjekts in seiner persönlichen Einzelheit und permanenten Entgegensetzung gegen das Ewige eine Vernunft, welche sehend, eine Liebe, welche rein, ein Glaube, der lebendig wäre, sondern wenn das Zeitliche, Subjektive und Empirische für die Sehnsucht Wahrheit und Gewißheit erhält, ist die Schönheit ihrer subjektiven Natur, ihr Glaube, ihre Liebe und ihr Fühlen überhaupt durch eine solche Versöhnung nur verunreinigt worden.

Wenn also in dem Jacobischen Prinzip der Schmerz und die Sehnsucht des Protestantismus zu einer Versöhnung fortgeht, aber nach Art des Eudämonismus überhaupt durch Endliches, zunächst durch die Reflexion und das Bewußtsein des Empfindens und der Sehnsucht, welche Reflexion und Bewußtsein das Subjekt desselben / als solches zu Etwas macht, und wenn diese Sehnsucht das Diesseits in sich selbst findet, indem sie sich mit sich selbst befleckt, und die gemeine Wirklichkeit und Zeitlichkeit für Offenbarung hält, so konnte sie so in sich reflektiert eine höhere Potenz finden, als Jacobi darstellte, der Vergötterung des Subjekts ein höherer Gegenstand an ihm erschaffen, und die Empfindung so wie das Anschauen seiner selbst und der Welt idealischer aufgefaßt werden; was denn auf der andern Seite ebensoviel ist, als die höchste Anschauung selbst zu etwas Subjektivem und eigentümlich Bleibendem zu machen. Wenn das Diesseits, was Wahrheit hat, statt die Wirklichkeit zu sein, das Universum, und die Versöhnung mit der Natur Identität mit dem Universum, als Empfindung unendliche Liebe, als Anschauung aber Religion ist, aber so, daß diese Identität selbst, es sei mehr als Passivität des Auffassens und innern Nachbildens oder mehr als Virtuosität, etwas schlechthin Subjektives und Besonderes bleiben, ihre Äußerung nicht befestigen, noch ihre Lebendigkeit der Objektivität anvertrauen, und hiermit eben die vorige Reflexion der Sehnsucht auf das Subjekt behalten soll, so hat das Jacobische Prinzip die höchste Potenzierung erreicht, deren es fähig ist, und der Protestantismus, der im Diesseits Versöhnung sucht, hat sich auf das Höchste getrieben, ohne aus seinem Charakter der Subjektivität herauszutreten. In den *Reden über die Religion* ist diese Potenzierung geschehen; da in der Jacobischen Philosophie die Vernunft nur als Instinkt und Gefühl, und Sittlichkeit nur in der empirischen Zufälligkeit und als Abhängigkeit von Dingen, wie sie die Erfahrung und Neigung und des Herzens Sinn gibt, das Wissen aber nur als ein Bewußtsein von Besonderheiten und Eigentümlichkeit, es seie äußerer oder innerer, begriffen wird, so ist in diesen *Reden* hingegen die Natur als eine Sammlung von endlichen Wirklichkeiten vertilgt, und als Universum anerkannt, dadurch die Sehnsucht aus ihrem über Wirklichkeit Hinausfliehen nach einem ewigen Jenseits zurückgeholt, die Scheidewand zwischen dem Subjekt oder dem Erkennen und dem absoluten unerreichbaren Objekte niedergerissen, der Schmerz im Genuß versöhnt, das endlose Streben aber im Schauen befriedigt. Aber indem so das Individuum seine Subjektivität von sich wirft, und der Dogmatismus der Sehnsucht seinen Gegensatz in Idealismus auflöst, so soll diese Subjekt-Objektivität der Anschauung des Universums doch wieder ein Besonderes und Subjektives bleiben; die Virtuosität des religiösen Künstlers soll in den tragischen Ernst der Religion ihre Subjektivität einmischen dürfen, und statt diese Individualität entweder unter dem Leib einer objektiven Darstellung großer Gestalten und ihrer Bewegung untereinander, der Bewegung des Universums aber in ihnen, zu verhüllen, — wie in der triumphierenden Kirche der Natur, das Genie in Epopöen und Tragödien erbaute —

oder anstatt dem lyrischen Ausdruck sein Subjektives dadurch / zu nehmen, daß er zugleich im Gedächtnis vorhanden, und als allgemeine Rede auftrete, soll dieses Subjektive in der Darstellung der eignen Anschauung des Universums, so wie in der Produktion derselben in andern die wesentliche Lebendigkeit und Wahrheit ausmachen, die Kunst ohne Kunstwerk perennieren, und die Freiheit der höchsten Anschauung in der Einzelheit und in dem Für-sich-etwas-besonderes-haben bestehen; wenn der Priester nur ein Werkzeug und Diener sein kann, das die Gemeinde, und das sich ihr und sich opfert, um das Begrenzende und Objektive der religiösen Anschauung zu tun, und dem alle Macht und Kraft vor der mündigen Gemeine nur als einem Repräsentanten zukommen kann, soll sie, sich unmündig stellend, den Zweck und die Absicht haben, das Innere der Anschauung von ihm als einem Virtuosen des Erbauens und der Begeisterung in sich bewirken zu lassen; es soll einer subjektiven Eigenheit der Anschauung (Idiot heißt einer, insofern Eigenheit in ihm ist) statt sie zu vertilgen, und wenigstens nicht anzuerkennen, so viel nachgegeben werden, daß sie das Prinzip einer eigenen Gemeine bilde, und daß auf diese Weise die Gemeinchen und Besonderheiten ins Unendliche sich geltend machen und vervielfältigen, nach Zufälligkeit auseinander schwimmen und zusammen sich suchen, und alle Augenblicke wie die Figuren eines dem Spiel der Winde preisgegebenen Sandmeeres die Gruppierungen ändern, deren jeder zugleich, wie billig, die Besonderheit ihrer Ansicht und ihre Eigenheit etwas so Müßiges und sogar Ungeachtetes sei, daß sie gleichgültig gegen die Anerkennung derselben auf Objektivität Verzicht tun, und in einer allgemeinen Atomistik alle ruhig neben einander bleiben können, wozu freilich die aufgeklärte Trennung der Kirche und des Staats sehr gut paßt, und in welcher Idee eine Anschauung des Universums nicht eine Anschauung desselben als Geistes sein kann, weil das, was Geist ist, im Zustande der Atomen, nicht als ein Universum vorhanden ist, und überhaupt die Katholizität der Religion nur in Negativität und der Allgemeinheit des Einzelseins besteht. Wenn also schon die Subjektivität des Sehnens in die Objektivität des Schauens sich emporgehoben hat, und die Versöhnung nicht mit der Wirklichkeit, sondern mit dem Lebendigen, nicht mit der Einzelheit, sondern mit dem Universum geschieht, so ist selbst dieses Anschauen des Universums wieder zur Subjektivität gemacht, indem es teils Virtuosität, oder nicht einmal ein Sehnen, sondern nur das Suchen eines Sehnens ist, teils es sich nicht organisch konstituieren, noch die wahrhafte Virtuosität in Gesetzen und in dem Körper eines Volkes und einer allgemeinen Kirche ihre Objektivität und Realität erhalten, sondern die Äußerung ein schlechthin Inneres, unmittelbarer Ausbruch oder Nachfolge einzelner und besonderer Begeisterung, und nicht die wahrhafte Äußerung, ein Kunstwerk vorhanden sein soll. /

C. FICHTESCHE PHILOSOPHIE

In der Kantischen Philosophie ist das Denken, das Unendliche, die Form des Objektiven das Erste; der absolute Gegensatz desselben gegen das Besondere, Endliche, das Sein, ist im erkennenden Subjekt, aber bewußtlos oder nicht zugleich objektiv für dasselbe, oder man kann auch sagen, die absolute Identität, in welcher der Gegensatz aufgehoben ist, ist rein objektiv, ein bloßer Gedanke; — beides ist gleichbedeutend, denn beides, diese Form absoluter Objektivität, das Jenseits der Identität für das Erkennen, und das Subjektive, das Erkennen, wohinein der absolute Gegensatz verlegt wird, kommen nicht zusammen. In der Jacobischen Philosophie ist das Bewußtsein über denselben das Erste, und der Gegensatz, der im Erkennen ist, flieht eben so, um ihn aufgelöst sich vorzustellen, zu seinem Gegenteil, einem Jenseits des Erkennens, aber es ist eine Mitte zwischen diesem Übergang zu absolut Entgegengesetzten vorhanden; aber diese Mitte ist selbst ein Subjektives, ein Sehnen und ein Schmerz. Dieses Sehnen ist in der Fichteschen Philosophie mit der Kantischen Objektivität synthesiert, aber nicht daß die beiden entgegengesetzten Formen sich in einer wahrhaften Identität und Indifferenz auslöschten, und die absolute Mitte hervorträte, sondern jene Jacobische subjektive Vereinigung in der Lebendigkeit des Individuums ist selbst nur in objektive Form aufgenommen. In der Kantischen Philosophie zeigt sich wegen des Widerspruchs der leeren Allgemeinheit zur lebendigen Besonderheit nicht der mindeste Kummer; im Theoretischen wird er absolut behauptet, und im Praktischen, dessen Begriff es mit sich bringt, ihn aufzuheben, tritt ein Formalismus von Rechtswissenschaft und Moral, ohne Lebendigkeit, so wie ohne Wahrheit auf. Die Jacobische Philosophie hat das Identischsein des Allgemeinen und Besondern in der, aber subjektiven Individualität; eine solche Vereinigung kann deswegen nur ein Kummer und Sehnen und die Besonderheit muß ein Permanentes, Geheiligtes und Absolutes sein. Bei Fichte ist diese Subjektivität des Sehnens selbst zum Unendlichen gemacht, ein Gedachtes, absolute Forderung, und die Forderung ist der Kulminationspunkt des Systems: Ich soll gleich Nicht-Ich sein; aber es ist kein Indifferenzpunkt in ihm zu erkennen.

Es ist oben erinnert worden, wie das System sich zur negativen Seite des Absoluten, der Unendlichkeit, Ich als absolutem Denken erhebt; und insofern ist es reiner / Idealismus; der aber, weil jene negative Seite selbst als das absolut Positive gesetzt wird, formell wird, und einen Realismus sich gegenüberstehen hat; dadurch, daß er die Gegensätze nur im Unendlichen gleichsetzt, d. h. das abstrahierende Denken, die reine Tätigkeit dem Sein entgegengesetzt, zum Absoluten macht, vernichtet er sie nicht wahrhaftig, sondern diese intellektuelle Anschauung ist etwas Formelles so wie der Idealismus, und dem Denken gegenüber tritt die Realität, jener Identität der intellektuellen Anschauung gegenüber der Gegensatz auf, und alle Identität ist die relative des Kausalzusammenhangs in einem Bestimmen des einen durch das andere.

Nach der Aufgabe der Philosophie, wie sie durch die Lockesche und Humesche Kultur bestimmt worden ist, soll vom Standpunkt des Subjekts die Welt berechnet, und nunmehr erklärt werden; in diese zu erklärende Welt wird eben diese Entgegensetzung hineingetragen, die zwischen ihr und dem Subjekt statt findet, sie trennt sich in eine ideelle und reelle Seite; so daß das Ideelle in dem relativen Gegensatz gegen das Reelle, das einemal die reine von der Realität abstrahierende Identität, oder der reine Begriff wird, das anderemal aber die auf die Realität bezogne, Raum, Zeit, Kategorien, die Idealität des Reellen ist. Das Objektive oder Allgemeine des Reellen besteht nun allein in demjenigen, was in der Scheidung der Welt die ideelle Seite ist, so daß der Idealismus, der auf die Erklärung der objektiven Welt ausgeht, unmittelbar, indem er Objektivität als das Ideelle erkannt hat, sie auch aus dem Prinzip des Ideellen, des Ich, des Allgemeinen, was im Gegensatz gegen die Welt überhaupt das Subjekt ist, abgeleitet, und hiermit das an und für sich Sein des Objektiven aufgehoben hat. Dieser kritische Idealismus, den Fichte in schärferem Umriß heraushob, ist, wie von selbst erhellt, etwas Formales; das Allgemeine der dem Subjekt entgegengesetzten Welt ist als Allgemeines, Ideelles, als Denken, und damit als Ich gesetzt; aber notwendig bleibt das Besondere zurück, und wenn nach der beliebten Stellung der Idee der Philosophie von Erklärung die Rede sein soll, so bleibt von der objektiven Welt die interessanteste Seite, die Seite ihrer Realität unerklärt. Daß das Reelle, als für die Empfindung, etwas Empirisches sei, und unter diesem Titel geradezu weggeworfen und der Betrachtung für unwürdig erklärt werde, wie Kant tut, ist so wenig befriedigend, als wenn Fichte zeigt, daß die Empfindung schlechthin etwas Subjektives ist, und daß rot u.s.w. von der Hand des Subjekts erst auf die Fläche verbreitet werde, und dadurch Objektivität erhalte; denn es ist gerade nicht nach der Idealität, sondern nach der Realität die Frage; und es ist gleichgültig, ob die Realität eine unendliche Menge von Empfindungen, oder von Beschaffenheiten der Dinge ist. In dem praktischen Teile der *Wissenschaftslehre* wird zwar die Miene / gemacht, als ob die für die ideelle Seite absolute Realität, die Dinge wie sie an sich sind, aus dem, wie wir sie machen sollen, hätten konstruiert werden sollen; allein es ist da nichts als eine Analyse des Begriffs des Strebens und des Triebs in einer Intelligenz und einige

Reflexionsbegriffe für das Gefühl, daß die Gefühle verschieden sein müssen, abgeleitet, oder von der Aufgabe, das System der Dinge, wie sie sein sollen, zu konstruieren, ist nichts als der formelle Begriff des Sollens analysiert; aber außer diesem formalen Wesen das Gefühl selbst als reales System, oder die Totalität des Sollens auch nicht im geringsten konstruiert, denn schon an und für sich läßt das Sollen ganz und gar keine Totalität zu; sondern die Mannigfaltigkeit der Realität erscheint als eine unbegreifliche, ursprüngliche Bestimmtheit und empirische Notwendigkeit; die Besonderheit und Differenz als solche ist ein Absolutes. Der Standpunkt für diese Realität ist der empirische Standpunkt eines jeden Einzelnen; und für jeden Einzelnen ist seine Realität die unbegreifliche Sphäre gemeiner Wirklichkeit, in die er nun einmal eingeschlossen ist. Es braucht nicht erinnert zu werden, wie gleichgültig für diese Absolutheit des Empirischen jener formale Idealismus ist, welcher erweist, daß diese ganze empirische Realität nur ein Subjektives, ein Gefühl sei, denn diese Form verändert an der gemeinen und unbegreiflichen Notwendigkeit des empirischen Daseins nicht das mindeste; und es ist durchaus an keine wahre Idealität der Wirklichkeit und der reellen Seite, sie erscheinen nun als Beschaffenheit der Dinge oder als Empfindung, zu denken.

Der Formalismus des hier idealistisch genannten Wissens, der bei der Jacobischen Philosophie, welche das bestimmteste und offenste Bewußtsein darüber hat, entwickelt worden ist, bedarf eigentlich keiner weitern Erläuterungen bei der Fichteschen Philosophie, welche ihn mit den andern durch das Prinzip der Subjektivität, und daß die absolute Identität nicht für Erkennen und Wissen, sondern nur für den Glauben ist, gemein hat. Das Wesentliche desselben ist, daß der reine Begriff, das leere Denken zu einem Inhalt, einer Bestimmtheit des Begriffs, oder umgekehrt, die Bestimmtheit zu der Unbestimmtheit auf eine unbegreifliche Weise hinzutritt; ob nach dem Jacobischen Dogmatismus das Objektive, das Gegebene als das Erste genannt wird, zu welchem der Begriff später hinzukommt, oder ob Fichte das leere Wissen, Ich, zum Ersten macht, dessen Wesen dasselbe mit dem leeren Verstand des analysierenden Wissens, nämlich eine Identität ist, für welche bei Fichte die ihm fremde aus ihm nicht zu begreifende Bestimmtheit als das Spätere erscheint, macht in der Sache nicht den mindesten Unterschied. —

Wenn nach dem Fichteschen Idealismus Ich nicht Dinge empfindet und anschaut, sondern nur sein Empfinden und sein Anschauen anschaut, und nur von seinem / Wissen weiß, so ist die reine leere Tätigkeit, das reinfreie Handeln, das Erste und einzig Gewisse; und es ist schlechthin nichts als das reine Wissen und das reine Anschauen, und das Empfinden, Ich = Ich; wir werden nachher sehen, wie durch den absoluten Willensakt die ganze vernichtete Sinnenwelt überhaupt Realität erhält, aber das Wissen um diese Realität, das Verhältnis der absoluten Leerheit und Unbestimmtheit des Wissens zu der Bestimmtheit und jener Realität ist das Unbegreifliche und eins dem andern, das Besondere dem Allgemeinen gleich fremde, wie die empirisch gegebene Bestimmtheit Jacobis der Unbestimmtheit oder dem Begriffe des analysierenden Verstandes. Fichtes Weise nur vom Wissen, nämlich nur von der leeren Identität zu wissen, bereitete sich aber durch ihren eigenen Formalismus einen Weg zum Besondern; es wird anerkannt, daß die einzige Wahrheit und Gewißheit, das reine Selbstbewußtsein und das reine Wissen, etwas Unvollständiges, durch etwas anderes Bedingtes, d. h. daß das Absolute des Systems nicht absolut sei, und eben deswegen zu etwas Anderem fortgegangen werden müsse; diese erkannte Unvollständigkeit des absoluten Prinzips, und die daraus erkannte Notwendigkeit eines Fortgehens zu einem Andern, ist das Prinzip der Deduktion der Sinnenwelt; das völlig Leere, womit angefangen wird, hat durch seinen absoluten Mangel den Vorteil, in sich immanent, die unmittelbare Notwendigkeit zu tragen, sich zu erfüllen, zu einem Andern, und von diesem Andern zu andern Andern in eine unendliche objektive Welt fortgehen zu müssen. Gibt es nun eine höhere Apriorität eines Prinzips, als in welchem unmittelbar die Notwendigkeit des Ganzen liegt? eine Notwendigkeit, die darauf beruht, daß das Prinzip schlechthin Teil, und durch seine unendliche Armut die unendliche Möglichkeit des Reichtums ist; das Prinzip spielt auf diese Art die gedoppelte Rolle, das einemal absolut, das anderemal schlechthin endlich zu sein, und in letzterer Qualität ein Anfangspunkt für die ganze empirische Unendlichkeit werden zu können.

Der Formalismus dieses Prinzips hat, für sich betrachtet, auch den großen Vorteil, daß es leicht begreiflich zu machen ist; es ist allgemein über die schwere Forderung der intellektuellen Anschauung geklagt, es ist zu seiner Zeit erzählt worden, daß Menschen über dem Beginnen, den reinen Willensakt und die intellektuelle Anschauung zu produzieren, in Wahnsinn verfallen seien; beides ist ohne Zweifel durch den Namen der Sache veranlaßt worden, welche Fichte als einfach und gemein genug beschreibt, und von der es wohl nur schwer hielt sich zu überzeugen, daß sie wirklich nur dies Gemeine und Einfache sei. Irgend ein Ding, etwas dem reinen Bewußtsein, oder Ich, das im gemeinen Bewußtsein nach Fichtes Ausdruck gleichfalls gegeben ist, Fremdartiges anschauen, ist empirische Anschauung, aber von allem Fremdartigen im Bewußtsein abstrahieren, und sich selbst denken, ist intellektuelle / Anschauung; in irgend einem Wissen von allem bestimmten Inhalt abstrahieren, und nur das reine Wissen, das rein Formelle desselben wissen, ist reines absolutes Wissen; diese Abstraktion ist doch leicht zu machen, und jeder weiß auch was, an dem er die Abstraktion machen könne. Wegen desjenigen aber, wovon man abstrahiert hat, hat man sich auch nicht bange sein zu lassen, denn es geht nicht verloren, sondern tritt vielmehr fürs Wissen, und fürs Handeln ohnedem, in seiner ganzen empirischen Ausdehnung und Breite wieder ein; nur macht die Philosophie diese Zufälligkeit des gemeinen Bewußtseins methodisch, aber ohne ihm von seiner Zufälligkeit und Gemeinheit im geringsten etwas zu nehmen.

Das Methodische dieses Wissens oder die Philosophie über das gemeine Bewußtsein besteht darin, daß vors erste von etwas schlechthin Wahrem und Gewissem ausgegangen wird, dem Ich, dem Wissen selbst in allem Wissen, dem reinen Bewußtsein; aber, da es unmittelbar sich als Prinzip der Deduktion nur dadurch erweist, daß es schlechthin unvollständig und rein endlich ist, so ist seine Wahrheit und Gewißheit von einer solchen Art, welche von der Philosophie verworfen wird; denn für diese ist die Wahrheit und Gewißheit allein in dem, was nicht unvollständig, noch eine Abstraktion, noch bedingt ist.

Daß aber die Leerheit des Wissens Prinzip des Fortgangs wird, dies findet sich eben darin, daß dasselbe ein schlechthin Mangelhaftes ist und also unmittelbar eines Andern bedarf und der Anknüpfungspunkt für Anderes, welches die Bedingung desselben ist, wird. Die Form, unter welcher die objektive Welt, als ein Fremdes zu dem, was durch sie vervollständigt wird, nämlich zum reinen Wissen hinzutritt, ist das Schließen von dem Mangel eines Umstandes im Anknüpfungspunkte auf seine Notwendigkeit, von der Unvollständigkeit des Absoluten, das selbst ein Teil ist, auf einen andern Teil, der jenen vervollständigt. Daß aber in dem als absolut Gesetzten ein Mangel, daß es nur Teil ist, diese Einsicht ist allein möglich durch die Idee der Totalität, oder überhaupt nur durch das Bewußtsein, daß zum Behuf der sogenannten intellektuellen Anschauung, des sich selbst Denkens, und des reinen Wissens, abstrahiert worden ist von anderm Fremdartigen, das nachher wieder aufgenommen wird. Warum nicht jene Idee der Totalität selbst, an welcher gemessen das reine Wissen sich als ein unvollständiges zeigt, als das Absolute auftritt, sondern ein als Teil und mangelhaft Anerkanntes, davon ist für sich kein Grund abzusehen, als weil dieser Teil empirische Gewißheit und Wahrheit hat, indem ja doch jeder weiß, daß er weiß; solcher empirischen Wahrheit wird der Vorzug vor der absoluten Wahrheit der Totalität gegeben. Das Fortschließen von dem Teil auf andere Teile aber ist nichts als ein Wiederaufnehmen dessen, wovon abstrahiert worden ist, oder da das, was durch die Abstraktion zu Stande gekommen ist, unmittelbar in negativer Beziehung mit dem steht, wovon abstrahiert wird, dasselbe in jenem, aber in negativer Form vorhanden ist, so ist die Deduktion nichts als eine Verwandlung / der Zeichen, des minus in plus; im reinen Wissen ist die Sinnenwelt als ein minus gesetzt, es ist von ihr

abstrahiert, sie ist negiert worden; der Schluß auf sie besteht darin, daß sie nunmehr als ein **plus**, und dies **plus** als Bedingung des Selbstbewußtseins gesetzt wird; in der Freiheit des vernünftigen Wesens ist das Objektive, worauf sich seine Freiheit richtet, als ein **minus** gesetzt, die Deduktion der Sphäre für die Freiheit besteht also darin, daß es mit einem **plus**, als seiend gesetzt wird; so wie ein leerer Geldbeutel ein Beutel ist, in Beziehung auf welchen das Geld allerdings schon, aber mit dem Zeichen **minus** gesetzt ist,
10 und das Geld aus demselben unmittelbar deduziert werden kann, weil es in seinem Mangel unmittelbar gesetzt ist. Ein Erkennen durch solche Deduktion ist an und für sich kein wahrhaftes Erkennen; den dies fängt vom Absoluten an, das weder ein Teil, noch unvollständig, noch allein für Empirie Gewißheit und Wahrheit, noch durch Abstraktion, sondern durch wahrhafte intellektuelle Anschauung ist. Jenes Erkennen aus dem Mangel beruht im Grunde auf ebendemselben Gegebensein der Objekte für das analysierende Denken, wie Jacobi, Köppen und andere in den ge-
20 offenbarten und geglaubten Tatsachen des Bewußtseins das Mannigfaltige und seine Verknüpfung vorfinden, nur daß das Vorgefundene bei Jacobi und Köppen ein positives, bei Fichte hingegen ein negatives Zeichen hat, jene finden ebendasselbe als vorhanden, was Fichte als mangelnd findet. Dieser Idealismus ist daher die wahrhafte Umkehrung des formalen Wissens, aber nicht wie Jacobi gesagt hat, des
* Kubus des Spinozismus, denn der Kubus des Spinoza ist nicht umkehrbar, weil er im freien Äther schwebt, und es an ihm kein Oben noch Unten, vielweniger irgend eine Ku-
30 gel, oder Schildkröte, worauf er gegründet wäre, gibt, sondern er seine Ruhe und seinen Grund in sich selbst hat,
* seine eigene Kugel und Schildkröte ist; hingegen das regellose Polyeder des formalen Wissens liegt auf einer ihm fremden Erde, in der es seine Wurzel und an der es seinen Träger hat; für dasselbe also gibt es ein Oben und Unten; das gewöhnlich formelle Wissen hat die mannigfaltige Empirie als Grund, aber zieht aus demselben in die ideelle Atmosphäre mannigfaltige Spitzen von Begriffen; das Fichtesche formelle Wissen ist eine Umkehrung von jenem, es

fängt in der Atmosphäre, worin ein und dasselbe nur negativ und ideell vorgefunden wird, an, und der Idealität desselben sich bewußt, senkt es den negativ vorhandenen Inhalt mit positivem Zeichen als Realität nieder.

Was nun das **Produkt** eines solchen Erkennens, das vom gewissen Teile anfängt, und nach und nach im Fortgang an den Teilen den Mangel als eine fürs Wissen gesetzte Totalität aussprechen will, betrifft, so scheint es, daß das Produkt die Totalität nicht nur sein könne, sondern auch sein müsse. Denn ihre Idee scheint das Vorausgesetzte zu sein, indem durch sie allein erkannt werden kann, daß jenes / absolut gewisse Erste nur ein Teil ist; weil sie also wahrhaft das Erste ist, so scheint der Fortgang der Entwicklung sie darstellen zu müssen; aber daß das Ganze dieses Fortgangs Totalität sei, ist eben dadurch, daß ein als Teil Erkanntes, Mangelhaftes, absolute Wahrheit und Gewißheit haben soll, unmöglich. Die reine Empirie, die nicht von einem Teile weiß, den Teil nicht durch Reflexion, als ein schlechthin Wesen Habendes fixiert, vermag wohl von einem Teile anzufangen, und durch ihren Fortgang an den Teilen den ganzen Kreis zu beschreiben und darzustellen, denn weil sie Empirie ist, steckt sie nicht in den Fußeisen der Reflexion, die den Teil zu einem Ansich und so es unmöglich macht, zum Ganzen zu gelangen; aber eine von der Empirie produzierte oder vielmehr gefundene Totalität ist, wenn sie auch der Vorstellung als solche gegeben wird, nicht für die Erkenntnis; denn für diese müssen die Teile schlechthin durchs Ganze bestimmt, das Ganze das Erste der Erkenntnis sein. Jene formale, das negativ Vorgefundene in Positives umwandelnde Erkenntnis, so wenig sie vom Ganzen anfängt, sondern vom Teile zu Teilen fortgeht, vermag aus ihrem Teilwesen weder für die Vorstellung überhaupt, noch für die Erkenntnis, herauszukommen; denn wenn ihr darin, daß sie das leere Wissen als etwas Unvollständiges erkennt, die absolute Idee vorzuschweben scheint, so bedeutet diese Idee unmittelbar nur selbst die Negativität eines Andern, das nötig ist, und das selbst wieder nur ein Endliches, ein Teil, ein Anderes ist, und so fort ins Unendliche; sie erweist sich als etwas schlechthin Formelles, weil der endliche Anknüpfungspunkt, also der Teil ein Ansich, ein Absolutes ist, wodurch alle wahre Idee der Totalität schlechthin zerstört wird. Was die Deduktion durch ihr Kunststück, das Negative in ein Positives umzusetzen, produziert, ist daher notwendig eben jene Masse gemeiner empirischer Realität, eine allenthalben endliche Natur, eine Sinnenwelt; durch die Abstraktion von dem Fremdartigen im Ich war von ihm nicht spekulativ abstrahiert, d. h. es war nicht vernichtet, sondern dieselbe Formel in eben demselben Zusammenhang und derselben gemeinen Wirklichkeit, nur mit negativem Zeichen in der Form eines Mangels gesetzt worden; wie der Spiegel sie im gemeinen Empirismus empfangen und ideell in sich gesetzt hatte, so gibt er sie nachher wieder zurück, und dieses Zurückgeben, oder dasjenige nennen, was dem Mangel mangelt, heißt eine immanente, transzendentale Deduktion. Da die Endlichkeit des Anfangspunkts, der absolut ist, unmöglich macht, daß die Geburt der Erkenntnis ein wahrhaftes Ganzes ist, denn dieses ist allein dadurch möglich, daß kein Teil an sich ist, so ist ein wahres Ideal, worin die Endlichkeit der empirischen Realität verschwände, die Affektion zur Natur würde, schlechthin unmöglich; es gibt keine andere Fülle von Vorstellungen, als von endlichen, die Natur ist schlechthin Sinnenwelt; die Veränderung, welche mit dem gemeinen Empirismus vorgeht, ist, daß er deduziert / worden ist, d. h. daß das System, oder besser die Masse, denn an ein System ist nicht zu denken, der für das gemeine Bewußtsein notwendigen Vorstellungen, zuerst als reiner Mangel gesetzt, und an dasjenige, was das Subjekt dieses Mangels ist, nämlich das Ich, angeknüpft erscheint; und es ist beliebig, das eine mal auf den reinen Mangel, das anderemal auf die Masse des Mangelnden zu reflektieren, das einemal das reine Wissen, und immer das reine Wissen, die Leerheit, das Nichts zu denken, das anderemal aber den ganzen Inhalt dieses Nichts, als eine Masse von subjektiven, aber nur subjektiven Affektionen; beides, das reine minus, und dasjenige, dessen das Ich ermangelt, damit es ein Mangel ist, ist unzertrennlich, denn die Abstraktion ist unmittelbar nur dadurch, daß sie mit dem in Beziehung steht, wovon abstrahiert wird, oder daß dieses mit negativem Zeichen gesetzt ist. Die theoretische Wissenschaft nun besteht in der Erkenntnis des Mangels, und des Mannigfaltigen, dessen entbehrt wird, aber die eigentliche Realität, das wahrhafte plus erhält es erst durch den reinen Willensakt; aber Eins ist nie ohne das Andere, die Leerheit nicht ohne das, wovon sie leer ist, es sei, daß nun dieses ideell oder reell, subjektiv oder objektiv gesetzt sei.

Der Ich, der im zweiten Aufzuge der *Bestimmung des Menschen*, an welche Darstellung wir uns hier vorzüglich halten wollen, sich durch einen Geist in Freiheit setzen läßt, denkt, wenn er sich am Ende wirklich in Freiheit gesetzt glaubt, gar nicht an diese seine völlige Verbundenheit der empirischen Notwendigkeit, und an die unbegreifliche Sphäre seiner gemeinen Realität im Gefühl; er gibt im Vorbeigehen S. 88 auf die Frage des Geistes: „du fühlst doch nie überhaupt?" — die Antwort: „Ich: Keineswegs. Jede Empfindung ist eine bestimmte; es wird nie nur bloß gesehen, oder gefühlt, oder gehört, sondern immer etwas Bestimmtes, die rote, grüne, blaue Farbe, das Kalte, Warme, Glatte, Rauhe, der Schall der Violine, die Stimme des Menschen, und dergleichen (dies Dergleichen umfaßt wohl das übrige der Natur, das Exquisite derselben aber wird in dem namentlich Aufgeführten, dem Grünen, Roten, dem Violinen-Schall genannt sein sollen; unter den Bestimmtheiten aber wären Beispiele bestimmter Formen interessanter und zweckdienlicher gewesen, als jene Beispiele des Formlosen) gesehen, gefühlt, gehört. Laß das unter uns abgemacht sein." — Von allem diesem Bestimmten, und der Bestimmtheit seiner empirischen Existenz überhaupt, meint sich der Ich ohne weiters dadurch befreit, daß er sich überzeugt, jene Bestimmtheiten seien in ihm, und nur seine Affektionen, das Wissen davon ein unmittelbares Wissen von seinem Zustand, und die ganze Kette der gemeinen Notwendigkeit nur einseitig, er frei also dadurch, daß das Subjekt für sich selbst, durch Affektionen, nicht durch Dinge ein absolut / empirisches Wesen ist; ein Widerspruch, welcher unter die härtesten zu rechnen ist. Um der Überzeugung willen, daß das Bewußtsein eines Dinges außer uns absolut nichts weiter ist als das Produkt unseres eigenen Vorstellungsvermögens, erklärt der Geist den Ich für frei und auf ewig erlöset von der Furcht, die ihn erniedrigte und quälte; frei von einer Notwendigkeit, die nur in seinem Denken sei, und von der Wirklichkeit von Dingen, die außer ihm existieren — als ob er nicht in einer und ebenderselben Gefangenschaft seines Zustands, in einer und eben derselben Notwendigkeit wäre, die ungeachtet sie nicht mehr in der Form seines Denkens als äußeres Objekt vorhanden ist, mit ebenderselben Wirklichkeit, Willkürlichkeit und Zufälligkeit, als eine Reihe von Affektionen und Zuständen existiert. Da nun der Ich annoch mit einem und ebendemselben Reichtum von den Realitäten als Empfindungen begabt ist, so ist nicht zu begreifen, wie er über die Façon von Dingheit, welche sein System von Affektionen verloren hat, in das Härmen hineingeraten kann, daß nunmehr Nichts, absolut Nichts als Vorstellungen, Bestimmungen eines Bewußtseins als bloßen Bewußtseins seien; nicht über das was er verlor, denn jene bloße Façon der Objektivität und Körperlichkeit des Süßen und Bittern ist nicht der Mühe wert, sondern darüber, daß er noch an seiner unverletzten Notwendigkeit in ihrer ganzen Länge und Breite des süßen und bittern und roten u.s.w. Empfindens und des nackten Faktums der Anschauung (S. 169), zu denen erst durch das Denken das Ding hinzukommt, das ihm allein verloren gegangen ist, reich bleibt, hatte er zu wehklagen; nicht über das, was der Geist nahm, sondern über die ganze Endlichkeit, die er ihm ließ, konnte der Ich ihn einen ruchlosen Geist nennen.

Das unmittelbare Produkt dieses formalen Idealismus, das uns entstanden ist, ergibt sich also in folgender Gestalt: ein Reich einheitsloser Empirie und reinzufälliger Mannigfaltigkeit steht einem leeren Denken gegenüber. Wenn das leere Denken als wirkende und reelle Kraft gesetzt wird, muß es wie die übrige Objektivität als ein Ideelles erkannt werden; oder um den Gegensatz gegen die empirische Notwendigkeit und Mannigfaltigkeit rein zu haben, muß es nicht als reelle wirkende Kraft, d. h. in Beziehung auf Realität, sondern rein für sich als leere Einheit, als von der Besonderheit ganz abgeschiedene Allgemeinheit, gesetzt werden. Kants reine Vernunft ist eben dieses leere Denken, und Realität ebenso jener leeren Identität entgegengesetzt, und das nicht Zusammenstimmende beider ist es, was den jenseitigen Glauben notwendig macht; aber die der Identität mit der praktischen Vernunft notwendig entbehrende Realität wird in der Kantischen Philosophie nicht bloß in der ganz bloß empirischen Beziehung, wie sie als Empfindung des empirischen Subjekts vorhanden ist, und in dem Fichteschen Idealismus allein vorkommen kann, / betrachtet, sondern Kant erkennt sie zugleich als eine höhere Realität, nämlich als organisches System und schöne Natur; indem der Kantische Idealismus für die Reinheit der Abstraktion, welche die Identität ganz aus der Differenz heraus und ihr entgegengesetzt, als Ein Glied des Gegensatzes, und das Andere als reine empirische Notwendigkeit, und eine aller Identität ermangelnde Mannigfaltigkeit setzt, verliert, gewinnt er gegen diesen Formalismus, dadurch, daß an einer Stelle des Systems mehr die spekulative Idee hervortritt.

Auf diese Weise ist im Fichteschen Idealismus das System des Wissens ein Wissen von einem ganz leeren Wissen, welchem eine empirische Realität, von der Einheit, welcher die Mannigfaltigkeit absolut entgegengesetzt ist, und von einer relativen Identität beider. Einem solchen formalen Wissen, das es nicht weiter als bis zur relativen Identität bringen kann, und seinem absoluten Gegensatz, der bei Kant die populäre und weniger abstrakte Form von Glückseligkeit und Moralität hat, muß die wahre Identität als ein absolutes Jenseits gegenüber stehen; weil Denken und Wissen schlechthin nur formal, nur im Gegensatze, nur relativ sind, so ist vernünftige Erkenntnis und spekulative Idee unmittelbar aufgehoben und unmöglich; die höchste Anstrengung des formalen Denkens ist die Anerkennung seines Nichts und des Sollens; aber weil es sich nicht wahrhaft aufgibt, ist das Sollen perennierend, es ist ein bleibendes Wollen, das nichts kann, als nur bis zur Unendlichkeit und zum Nichts, aber nicht durch dasselbe hindurch zur positiven vernünftigen Erkenntnis durchbrechen.

Diese Form der Dreiheit, Setzen, Denken, Unendlichkeit, alsdenn Sein, Entgegensetzen, Endlichkeit, und eine, indem die zwei ersten schlechthin Verschiedene sind, Beziehung beider fürs Wissen auf einander, welche selbst eine gedoppelte ist, a) eine unvollkommene, die positive Beziehung fürs Wissen, b) absolute Identität beider, und diese ist außer einem solchen Wissen und Erkennen — diese Form der Dreiheit spricht das ganze System in allen seinen Darstellungen, wie zuerst in der *Wissenschaftslehre* aus; die zwei ersten Teile, oder der Gegensatz, ist in ihren zwei ersten Grundsätzen enthalten, deren erster, Ich = Ich, nichts als die formale Identität, die Unendlichkeit, welche eine Endlichkeit gegen sich hat, eben darum ist, weil er noch einen zweiten, für ihn absoluten, aus dem Ich = Ich nicht erkennbaren außer und nach sich notwendig hat; diese zweite Handlung soll der Materie nach bedingt sein, es ist ein Handeln in Beziehung auf ein anderes Handeln; aber (S. 18 *Wissenschaftslehre*) die Bedingung, unter welcher das Gegenteil von Ich gesetzt wäre, kann aus Ich = Ich sich gar nicht ergeben, da die Form des Gegensetzens in der Form des Setzens so wenig enthalten wird, daß sie ihr vielmehr selbst entgegengesetzt ist. / Daß das Setzen sowohl als das Entgegensetzen, beides ein Handeln des Ich selbst sind, mit dieser Identität, welche dieselbe ist, die sich im vormaligen Subjekt, der einfachen Substanz der Seele, als dem gemeinschaftlichen Behälter für vielerlei entgegengesetzte Tätigkeiten fand, ist so wenig etwas gedient, daß sie vielmehr das Formellste und dasjenige ist, was diese Philosophie am allerhöchsten verschmähen muß. Und der Anfang mit dem Gegensatze ist teils ein vorläufiges, problematisches Philosophieren, welches mit Dingen, die Nichts sind, mit leeren Abstraktionen sich umtreibt, und erst in der nachfolgenden Synthese ihnen Realität verschafft, wie Fichte anerkennt, daß dieses reine Ich und NichtIch außer und vor der produktiven Einbildungskraft, nur durch eine Täuschung der Einbildungskraft ein Bestehen für das Denken hat; teils löst dieses problematische Philosophieren, welches das Unendliche, Denken, dem Entgegensetzen, dem Stoff schlechthin gegenüber stellt, und den mannigfaltigen Stoff oder das Entgegensetzen zu dem ersten hinzupostuliert, und empirisch aufnimmt, da sich in dem Bewußtsein eines jeden ein solches Entgegensetzen finde, sich nicht in wahrhafter Identität auf; der dritte Grundsatz ist das Beziehen in der angegebenen gedoppelten Rücksicht, der einen des formalen Wissens und endlichen Beziehens durch Kausalzusammenhang, das ganz in der Differenz und in der Teilung ist, der andern für den Glauben, durch welchen die absolute Identität außer dem Erkennen ist; beide Seiten der Beziehung aber, die Form als Wissen und die Materie des Glaubens können schlechthin nicht Eins werden. Das Herausheben des Einen Glieds des Gegensatzes, nämlich der Unendlichkeit, die einseitige Reflexion auf den ersten Grundsatz, macht den Idealismus aus, aber nicht anders, als wie die gemeinste Abstraktion ein Idealismus ist, als Negation der Besonderheit, positiv formale Identität. Um dieser Form der Triplizität willen, in der das Wissen in der Differenz, das nicht Differente aber nur entweder Unendlichkeit, formale Identität, oder jenseits des Erkennens ist, tritt das Fichtesche System nicht aus dem Prinzip des allgemeinen Menschenverstandes heraus, und nachdem das falsche Vorurteil sich verbreitet hatte, daß es nicht das System des gemeinen Menschenverstands, sondern ein spekulatives System seie, gibt es sich wie billig alle Mühe, in neuern Darstellungen dies Vorurteil auszureuten. Es ist nichts klarer, als daß Jacobi dies System mißverstanden hat, wenn er in dem *Brief an Fichte* eine Philosophie aus Einem Stück, ein wahrhaftes Vernunft-System, auf die Fichtesche Weise hervorgebracht, ja sogar auf die Fichtesche Weise allein möglich glaubt. Jacobi setzt der Fichteschen Philosophie entgegen: daß Er unter dem Wahren etwas verstehe, was vor und außer dem Wissen ist; aber hierin kommt die Fichtesche Philosophie durchaus mit der Jacobischen überein, das Absolute ist ihr allein im Glauben, nicht im Erkennen; Fichte versündigt sich, wie Jacobi in der Vorrede zu dem *Briefe* S. VIII sagt, / so wenig an der Majestät des Orts, wo das Wahre außerhalb des Erkennens ist, er will ihn sowenig in den Bezirk der Wissenschaft einschließen, daß vielmehr die absolute Iden-

tität für ihn schlechthin außer dem Wissen, das Wissen nur, wie Jacobi es verlangt, formell, und in der Differenz ist, daß Ich nicht gleich Ich sein, daß das Absolute nicht gedacht werden kann, sondern nur Subjekt und Objekt, Eins nach dem Andern, Eins bestimmend das Andere, beide nur im Kausalzusammenhang gedacht werden können. Hierüber, daß man die absolute Identität des Denkens und Seins nicht denken könne, sagt Spinoza in **Renati des Cartes Principiorum Philosophiae. Pars I. Propositio VI, Scholium:**
10 **Quidam sunt, qui negant, se ullam Dei** (d. i. wie Spinoza Gott definiert, des Wesens, in dessen Idee die Existenz notwendig ist, oder dessen Idee und Sein Eins ist) **ideam habere, quem tamen, ut ipsi ajunt, colunt et amant. Et quamvis ipsis Dei definitionem Deique attributa ob oculos ponas, nihil tamen proficies: non hercle magis quam si virum a nativitate caecum colorum differentias, prout ipsos videmus, docere moliaris. Verum, nisi eos, tanquam pro novo animalium genere, medio scilicet inter homines et bruta, habere velimus, eorum verba parum curare debemus.**
20   Warum die Jacobische Philosophie den Nihilismus, den sie in der Fichteschen findet, so sehr verabscheue, ist vorhin gezeigt worden; aber was das Fichtesche System selbst hierüber betrifft, so liegt allerdings die Aufgabe des Nihilismus in dem reinen Denken, es ist aber nicht fähig zu ihm zu gelangen, weil dies reine Denken schlechthin nur auf Einer Seite stehen bleibt, und also diese unendliche Möglichkeit eine unendliche Wirklichkeit sich gegenüber, und zugleich mit sich hat; und so ist das Ich schlechthin in die Unendlichkeit hinaus von einem NichtIch affiziert; wie es
30 sein muß, da die Unendlichkeit, Denken, das nur ein Glied des Gegensatzes ist, als Ansich seiend gesetzt sein soll; aber darum kann sein **correlatum** schlechthin nicht vernichtet werden, sondern springt mit unüberwindlicher Elastizität hervor, denn beide sind durch das höchste Schicksal mit diamantenen Ketten zusammengeschmiedet. Das Erste der Philosophie aber ist, das absolute Nichts zu erkennen, wozu es die Fichtesche Philosophie so wenig bringt, so sehr die Jacobische sie darum verabscheut; dagegen sind beide in dem der Philosophie entgegengesetzten

Nichts; das Endliche, die Erscheinung, hat für beide absolute Realität; das Absolute und Ewige ist beiden das Nichts für das Erkennen. Jacobi wirft dem Kantischen System vor, ein Gemische aus Idealismus und Empirismus zu sein; von diesen beiden Ingredienzen ist es nicht der Empirismus, welchen sein Vorwurf trifft, sondern das Idealistische, oder die Seite der Unendlichkeit; obschon sie nicht die Vollkommenheit des wahren Nichts gewinnen kann, so ist sie auch schon so das Unerträgliche für ihn, weil sie der Absolutheit des Empirischen Gefahr droht, und in ihr die Forderung der / Vernichtung des Gegensatzes liegt. — Jacobi sagt: „Gott ist, und ist außer mir, ein lebendiges, für sich bestehendes Wesen, oder Ich bin Gott. Es gibt kein Drittes." Es gibt ein Drittes, sagt dagegen die Philosophie, und es ist dadurch Philosophie, daß ein Drittes ist; — indem sie von Gott nicht bloß ein Sein, sondern auch Denken, d. h. Ich prädiziert, und ihn als die absolute Identität von beidem erkennt, kein Außer für Gott und darum eben so wenig ihn als ein solches für sich bestehendes Wesen, was durch ein: außer ihm bestimmt, das heißt außer welchem noch anderes Bestehen wäre, sondern außer Gott gar kein Bestehen und Nichts anerkennt, also das Entweder — Oder, was ein Prinzip aller formalen Logik und des der Vernunft entsagenden Verstandes ist, in der absoluten Mitte schlechthin vertilgt, — jener Jacobische Grundgedanke, worin sich seine Philosophie vollkommen ausspricht, von dem man zugleich auch zeigen könnte, daß Jacobi nicht nur auf der vorhergehenden Seite, wo er ihn ausspricht, ihm widerspricht, indem er sagt, daß er behaupte: der Mensch findet Gott, weil er sich selbst nur in Gott finden kann, sondern auch an hundert andern Stellen, wo er die Vernunft göttlich u.s.w. nennt — wenn es nicht sonst genug gezeigt worden wäre, daß solche Anfänge von philosophischen Gedanken schlechthin nur etwas Geistreiches, nichts Philosophisches sein sollen, und wo er diese seine Einfälle von Andern philosophisch aufgenommen und sie im Ernst als eine Wahrheit fürs Wissen dargestellt findet, Atheismus und so weiter nicht nur wittert, sondern dogmatisch behauptet, und wo er selbst über das

Einfällehaben hinausgeht, und ans Denken kommt, in einem absoluten Dualismus ist, — dieser Jacobische Grundsatz ist eben so sehr Fichtesches Prinzip; die moralische Weltordnung, welche im Glauben ist, ist schlechthin auch außer Ich; das Ich kommt in sie, oder sie kommt nur ins Ich, erhält nur Realität für Ich im unendlichen Progreß; für Ich können die Dinge schlechthin nicht werden, was sie sein sollen, weil eben damit, daß NichtIch aufhörte zu sein, und Ich würde, Ich = Ich als wahrhaft absolute Identität ohne einen zweiten Grundsatz wäre, das Ich etwas aufhöbe, was es selbst gesetzt hat, und selbst aufhörte Ich zu sein. Es ist also im System dieses Wissens so wenig an ein Herauskommen aus dem Dualismus zu denken, als Jacobi nur verlangen kann; die nicht dualistische Realität ist im Glauben, und es gibt im Fichteschen System eben so wenig dasjenige Dritte, welches wahrhaftig das Erste und Einzige ist, als auch die nicht dualistische Negativität, die Unendlichkeit, das Nichts rein sein kann; sie soll rein sein, aber wird es nicht; sondern sie selbst wird wieder fixiert, und dadurch absolute Subjektivität. Jacobi, welcher, indem er auf die Eine Seite des Gegensatzes die Unendlichkeit, die formale Identität reflektierte, meinte, dieser Nihilismus der Transzendental-Philosophie wolle ihm sein Herz aus dem Busen reißen, hatte nur auf die Andere Seite des Gegensatzes, die eben so absolut vorhanden, zu / reflektieren, wo er alle die Affektionen und Gemüts-Zustände, alles geoffenbarte und geglaubte Empirische vor wie nach finden konnte.

Theoretische Wissenschaft dieses Idealismus heißt nun nichts anders als das Hervorbringen jenes Gegensatzes von Unendlichkeit und Endlichkeit, auf einer Seite der Abstraktion des reinen Wissens und Denkens, als Wissens und Denkens, und auf der andern Seite der Abstraktion des Nichtwissens und Nichtdenkens, oder des NichtIchs; beides ist nur im und fürs Wissen gesetzt, Eins Abstraktion und Leerheit wie das Andere; die empirische Seite ist im Theoretischen überhaupt die Abstraktion des Mannigfaltigen, ein NichtIch. Indem so das Reelle selbst ganz formell oder ideell gesetzt wird, ist das ganze Gerüste dieses theoretischen Idealismus nichts als die Konstruktion der logischen Formen, die von allem Inhalt abstrahieren; der wissenschaftliche Weg, den dieser formelle oder logische Idealismus in seinem Übergang zur Realität, welchen er eine Deduktion derselben nennt, nimmt, ist oben bezeichnet worden; sein eigener Inhalt sind die relativen Identitäten zwischen dem leeren Denken und der Abstraktion der Mannigfaltigkeit, welche drei Glieder also selbst ganz innerhalb des leeren Wissens fallen. Wir haben nunmehr die Integration dieser Leerheit ihrem Inhalte nach zu betrachten; im theoretischen Idealismus ist das Empirische eine Abstraktion; im praktischen aber tritt es als wahrhafte empirische sicht- und fühlbare Realität auf; die Natur, welche dort nur ein NichtIch, ein bloß Negatives, bestimmt als das Entgegengesetzte überhaupt, war, tritt hier aus der Abstraktion des Wissens in den Reichtum ihrer Realität, und in die Pracht ihrer Lebensfülle, nämlich ein Saures und Süßes und Bitteres, ein Blaues und Rotes zu sein, heraus.

In der Jacobischen Philosophie ist diese Integration unmittelbar durch ihren ursprünglichen Empirismus, und die nicht abstrahierte Besonderheit des Subjekts schon vorhanden; in der Kantischen Philosophie wird das Besondere, dessen die Allgemeinheit der Vernunft bedarf, welche, insofern sie dieses Bedürfnis hat, praktische Vernunft heißt, gleichfalls empirischer- und sorgloserweise angenommen; das Vorhandensein des Besondern, der Neigungen und Leidenschaften, des Pathologischen überhaupt, welches von der Vernunft zu bekämpfen, die Natur, welche von ihr zu bearbeiten, und dem Vernunftzweck, denn er ist in ihr jetzt noch nicht realisiert, zu unterwerfen ist, werden als gegeben, und der Inhalt des Vernunftzwecks selbst, das höchste Gut, Glückseligkeit nach Verdienst, und jeder soll das Verdienst haben, also allgemeine Glückseligkeit überhaupt, ist nach dem, worin denn diese Glückseligkeit bestehe, gleichfalls empirisch vorausgesetzt. Die Fichtesche Integration der Idealität durch die Realität geschieht a priori nämlich durch den Glauben, welcher das Prinzip des Übergangs vom Mangel in die Fülle überhaupt oder die reine Form der / Umwandlung des minus in plus und der Verknüpfung beider in gegenseitigem Einwirken auf einander ist; aber auch nur die Form, denn die Materie selbst, von der im minus der Idealität abstrahiert worden ist, ist wie notwendig eben so empirisch und ohne Totalität, wie in den vorhergehenden Systemen.

Das alles beherrschende Grundprinzip der Integration des Ideellen durch das Reelle, des Zusammentreffens des leeren Denkens oder der Vernunft mit der, wie die Natur hier erscheint, ihr gegenüberstehenden Sinnenwelt besteht darin, daß schlechthin Eins nicht ist, was das Andere ist, und daß in allem Verknüpfen derselben keine wahrhafte Identität herauskommt; die wahrhafte Identität und Ewigkeit ist, wie fürs Wissen im Jenseits des Glaubens, so im Praktischen und Reellen ebenfalls jenseits, nämlich im unendlichen Progreß; wie dort das leere Denken als reines Wissen oder theoretische Vernunft, so ist es hier als reiner Wille, oder als praktische Vernunft absolut, und so ist auch sein Entgegengesetztes eine absolute empirische Sinnenwelt. Die praktischen relativen Identitäten, welche Kant weniger ausgeführt hat, werden sich in ihren verschiedenen Zweigen ergeben.

Das Erste bei der Integration vor allem aber muß dieses sein, die Realität beider Glieder des Gegensatzes gegen einander wieder einzuführen, oder die theoretische Abstraktion aufzuheben, und den Glauben nach seinem Produkt zu konstituieren. Das Theoretische besteht in der Idealität, oder in der Reflexion auf die Unendlichkeit, welche sowohl Unendlichkeit als solche, leeres Wissen, reines Denken, als auch absolute Entgegensetzung $0 = +1 - 1$ ist, und jedes bestimmt, daß Eins nicht ist, was das Andere ist; Eins ist nur, insofern das Andere eintritt, und wie das Andere eintritt, ist es nicht; die Realität der Unendlichkeit oder des leeren Denkens besteht in dem $+1 - 1$, und das Bestehen dieses Gegensatzes gibt den Inhalt des Idealismus oder die logischen Formen; zugleich sind sie aber ideell = 0; und ihre wahre Wahrheit ist in der Unendlichkeit oder darin, daß sie Nichts sind.

Diese Idealität ist nun im Praktischen aufzuheben, das $+1$ und -1 soll nicht gleich Null sein; und die Realität, die sie erhalten, ist, daß die Unendlichkeit, das leere Denken, welches die Mitte + 1, 0, — 1 ist, worin sie untergehen, aus der Mitte auf die Seite tritt, und ihr gegenüber die Sinnenwelt, das Reich endlicher Existenz. Dies Konstituieren beider, als Realitäten, heißt der reine Willensakt, welcher das Nichts des + 1 und — 1 zum absoluten Etwas dekretiert. Hierein fallen alle die Popularitäten, daß du zum Handeln da bist; und daß dein Handeln deinen Wert bestimmt; die Absolutheit der praktischen Vernunft, die absolute Freiheit u.s.w.

Nachdem aber diese Nichtse der absoluten Entgegensetzung schlechthin zu Realitäten dekretiert worden sind, so hängt alles Folgende formaliter am Glauben, / welcher der Ausdruck der geforderten Identität beider ist; aber er ist für die Erkenntnis und Konstruktion des Praktischen ganz formell, denn er drückt nichts als diese Forderung aus, die reine Linie eines Fadens, der schlechthin keine Erfüllung, keine Tiefe, noch Länge und Breite haben kann, und nur relative Identitäten, die immer noch die Forderung hinter sich haben, zuläßt; die Subjektivität, Ich, reiner Wille, entgegengesetzt der Objektivität ist in absolutem Gegensatz, und die Aufgabe der Identität und Integration schlechthin nicht zu lösen.

Der reine Wille soll reell werden, durch Handeln; die Realität, die ihm durch Handeln entspringt, soll aus ihm kommen, sein Eigenes sein; sie muß also vorerst in ihm, ideell vorhanden sein, als Absicht und Zweck des Subjekts. Das Ich soll schlechthin frei den Begriff entwerfen, aus absoluter Machtvollkommenheit seiner selbst als Intelligenz, und der Wille soll durch keine andre Realität affiziert werden, die er sich als irgendwoher gegeben zum Zweck machte, sondern als reiner Wille nur den von ihm frei entworfnen Zweck haben. Indem der Mensch sich zum Handeln bestimmt, entsteht ihm der Begriff eines Zukünftigen, das aus seinem Handeln folgen werde, und dies ist das Formelle des Zweckbegriffs. Aber der Wille ist reine Identität ohne allen Inhalt, und nur insofern rein, als er ein durchaus Formales, Inhaltloses ist; es ist an sich unmöglich, daß sein Zweckbegriff aus ihm einen Inhalt habe und es bleibt durchaus nichts als dieser formale Idealismus des Glaubens, der das leere Subjektive des Zwecks eben so leer objektiv setzt, ohne im mindesten dem Zweck eine innre Realität oder Inhalt geben zu können, oder zu dürfen, denn sonst ist der reine Wille nicht mehr das Bestimmende, und es bleibt nichts als die hohle Deklamation, daß das Gesetz um des Gesetzes willen, die Pflicht um der Pflicht willen erfüllt werden müsse, und wie das Ich sich über das Sinnliche und Übersinnliche erhebe, über den Trümmern der Welten schwebe u.s.w.

Diese erhabene Hohlheit und einzig konsequente Leerheit muß denn soviel nachgeben, auf Realität Rücksicht zu nehmen, und wenn der Inhalt als ein System der Pflichten und Gesetze zu wissenschaftlichem Behuf aufgestellt werden soll, wird entweder die ideale Realität oder der Inhalt der Gesetze, Pflichten und Tugenden empirisch aufgerafft, wie Kant es vorzüglich tut, oder von einem endlichen Anfangspunkt aus, fortlaufend an Endlichkeiten, wie Fichte willkürlicherweise von Einem Vernunftwesen, und einem solchen, das keinen Leib hat u.s.w. anfängt, deduziert; auf welche Art aber das System aufgestellt werde, entsteht, weil die Realität nur eine Mannigfaltigkeit sein kann, da sie in Entgegensetzung gegen die Idealität bleibt, eine und zwar unendliche Menge von Pflichten, Gesetzen oder Tugenden, die eben deswegen an und für sich weder zur Totalität noch zur äußern Vollständigkeit eines Systems gelangen, als auch sich in ihrer Bestimmtheit notwendig wider-/sprechen, und keiner Einschränkung durcheinander oder eines Vorzugs und Unterordnung unter einander fähig sind, weil jede in die ideelle Form gesetzt ist, und also mit der Prätention der Absolutheit auftritt; die Fichteschen und Kantischen moralischen Wissenschaften sind die empirischen Belege hierzu.

So steht auf einer Seite die reine Vernunft integriert; wenn sie als reiner Wille sich behauptet, ist sie in ihrer Behauptung eine hohle Deklamation; gibt sie sich einen Inhalt, so muß sie ihn empirisch aufnehmen, und wenn sie ihm die Form praktischer Idealität gegeben, oder ihn zum Gesetz und Pflicht gemacht hat, so ist ein absoluter, alle Wissenschaft aufhebender, totalitätsloser Widerstreit dieses Inhalts gesetzt.

Auf der andern Seite aber steht die durch den reinen Willensakt absolut und zur empirischen Realität gemachte Natur; was die idealistische Seite vernichtete, muß, weil sie selbst sich absolut dekretiert, ebenso wieder hervortreten; wäre die empirische Realität oder die Sinnenwelt nicht in der ganzen Stärke ihrer Entgegensetzung, so hörte Ich auf Ich zu sein, es könnte nicht handeln, seine hohe Bestimmung wäre dahin. Die übersinnliche Welt ist nur die Flucht aus der sinnlichen; ist nichts mehr, vor welchem geflohen wird, so ist die Flucht und Freiheit und übersinnliche Welt nicht mehr gesetzt, und diese empirische Realität ist so sehr an sich als Ich. Zugleich bestimmt das Verhältnis, das sie im Willensakt erhält, die Art, wie sie sein muß; nämlich das Wesen des Ich besteht im Handeln, das absolute leere Denken soll sich selbst setzen, es ist nicht gesetzt, es kommt ihm kein Sein zu; aber die objektive Welt ist das Sein desselben, und es kann zu seinem wahren Wesen nur gelangen, daß es dieses Sein vernichtet; und die Natur ist somit bestimmt als bloße Sinnenwelt, als ein zu Vernichtendes, und muß als ein solches erkannt werden. Wenn dagegen sich das Ich so wie das Objektive als seiend erkennt, so erkennt es sich als schlechthin abhängig von der Welt, und in einer absoluten Notwendigkeit befangen; es muß sich nur als Negation der Sinnenwelt erkennen, und die Sinnenwelt also als ein zu Negierendes, oder als ein absolut Schlechtes.

Jene erste Erkenntnis der Welt, als eines Realen, welche vor dem reinen Willensakt vorhergeht, in welchem die Welt auch wieder absolute Realität erhält, aber eine solche, welche vernichtet werden muß, d. h. die denkbar schlechteste, — stellt der erste Aufzug in der *Bestimmung des Menschen* vor, worin der Ich sich als „eine durch das Universum bestimmte Äußerung einer durch sich selbst bestimmten Naturkraft erkennt, und daß die Natur in ihm handle, daß er unter den ewigen Gesetzen der Natur und einer strengen Notwendigkeit stehe, daß es das Beruhigendste sein werde, seine Wünsche ihr zu unterwerfen, da ja sein Sein ihr völlig / unterworfen ist." Diesen vernünftigen Gedanken aber widerstreben seine Wünsche; „warum sollte er sich die Wehmut, den Abscheu, das Entsetzen verhehlen, welche über einen solchen Schluß sein Innerstes ergreifen?"

Dieser ungeheure Hochmut, dieser Wahnsinn des Dünkels dieses Ich, sich vor dem Gedanken zu entsetzen, ihn zu verabscheuen, wehmütig zu werden darüber, daß Er Eins sei mit dem Universum, daß die ewige Natur in ihm handle, — seinen Vorsatz, sich den ewigen Gesetzen der Natur und ihrer heiligen und strengen Notwendigkeit zu unterwerfen, zu verabscheuen, sich darüber zu entsetzen und wehmütig zu werden, in Verzweiflung zu geraten, wenn er nicht frei sei, frei von den ewigen Gesetzen der Natur und ihrer strengen Notwendigkeit, sich unbeschreiblich elend durch jenen Gehorsam zu machen zu glauben — setzt überhaupt schon eine von aller Vernunft entblößte allergemeinste Ansicht der Natur und des Verhältnisses der Einzelheit zu ihr voraus; eine Ansicht, welcher die absolute Identität des Subjekts und Objekts durchaus fremde und deren Prinzip die absolute Nichtidentität ist, welche also die Natur auch schlechthin nur unter Form absoluter Entgegensetzung, also als reines Objekt begreifen kann, von dem es nur möglich ist abhängig zu sein, oder es von sich abhängig zu machen, die sich überhaupt im Kausalzusammenhang befindet; eine Ansicht der Natur als eines Dinges, worin (*Bestimmung des Menschen.* S. 106) sich Unterschiede von grün, süß, rot, glatt, bitter, Wohlgeruch, rauh, Violinschall, Übelgeruch, Klang der Trompete, vorfinden; was mögen außer solchen Qualitäten, und welche andere teleologische Qualitäten Fichte auch noch von der Natur kennt, werden wir unten sehen, ferner die Gesetze der Natur sein, von denen öfters wiederholt wird, daß: in ihr Innres kein erschaffner Geist dringe? als ob sie etwas ganz anderes wären, als vernünftige Gesetze; Gesetze, denen der Ich sich schämt, sich zu unterwerfen, denen zu gehorchen ihn unbeschreiblich elend machen, welchen unterworfen zu sein ihn in Verzweiflung bringen würde?

Nachdem der Ich im zweiten Aufzug seiner Bestimmung diese Natur, vor der er sich so sehr entsetzt, durch Wissen,

wie wir oben gesehen haben, zu verlieren meint, und über
ihren Verlust wieder ebenso trostlos wird, und in Verzweiflung gerät, als über ihr Sein, so stellt er sie sich durch seine
Bestimmung, das Handeln, und den reinen Willensakt her:
als eine Natur, welche vernichtet werden müsse. Diese Anschauung der Natur, als Etwas, das Nichts an sich, sondern
reine Erscheinung sei, also keine Wahrheit, noch Schönheit
in sich hat, gründet denn eine Teleologie der Natur, und
eine Physikotheologie, welche der ältern dem Inhalt nach
geradezu entgegengesetzt, aber der Form nach in gleichem
Prinzip gegründet ist. Jene ältere Teleologie nämlich bezog
die Natur im Einzelnen auf Zwecke, die außer diesem /
Einzelnen, so daß jedes nur um eines andern willen gesetzt
wäre, im Ganzen aber bilde sie ein System, das den Quell
seines Lebens zwar auch außer sich hätte, aber ein Abglanz
ewiger Schönheit, Vernunft wäre, und die höchste und seligste Wahrheit, das vollkommene Gesetz der höchsten
Weisheit in sich trüge. Die Fichtesche Teleologie stellt dasjenige, was als Natur erscheint, gleichfalls als um eines andern willen Vorhandenes dar, nämlich um den freien Wesen eine Sphäre und Spielraum zu bilden, und um zu Trümmern werden zu können, über denen sie sich erhöben, und
so ihre Bestimmung erreichten. Dies gemeine teleologische
Prinzip, daß die Natur Nichts an sich, sondern nur in Beziehung auf ein Anderes, ein absolut Unheiliges und Totes
ist, hat die Fichtesche Philosophie mit aller Teleologie, besonders des Eudämonismus, gemeinschaftlich, aber was
die Natur durch und für das Andere ist, darin ist die Fichtesche Teleologie den andern entgegengesetzt; wie die Natur in der Physikotheologie der Ausdruck ewiger Wahrheit
ist, so ist sie in der Kantischen und Fichteschen Moraltheologie ein zu Vernichtendes, an dem der Vernunftzweck
ewig erst zu realisieren ist, von Wahrheit entblößt, das Gesetz der Häßlichkeit und Vernunftwidrigkeit an sich tragend; es brechen hier die gemeinsten Litaneien über das
Übel in der Welt ein, deren Pessimismus Kant an die Stelle
des Optimismus gesetzt hat, indem Kant und ihm nach
Fichte dasjenige, was Voltaire dem von der Frömmelei in
die Empirie des gemeinen Lebens herabgezogenen Opti-

mismus sich auf eben den Standpunkt der Empirie stellend, und also ganz konsequent ad hominem entgegensetzte, in philosophische Form brachten, und systematisch erwiesen, wodurch denn jene Konsequenz ganz und gar verloren geht, und die relative Wahrheit des Empirischen gegen Empirisches zu einer absoluten werden soll; das Voltairesche Verfahren ist ein Beispiel von echtem gesunden Menschenverstand, den dieser Mensch in so hohem Grade besessen hat, und von dem andere soviel schwatzen, um ihre Ungesundheiten für Menschenverstand zu verkaufen. Da eine philosophische Idee in die Erscheinung herabgezogen, und mit den Prinzipien der Empirie verbunden, unmittelbar eine Einseitigkeit wird, so stellt der wahrhafte gesunde Menschenverstand ihr die andere Einseitigkeit, die sich ebenso in der Erscheinung findet, entgegen, und zeigt damit die Unwahrheit und Lächerlichkeit der ersten, indem für jene erste sich auf die Erscheinung und Erfahrung berufen wird, er aber in eben dieser Erfahrung und Erscheinung das Gegenteil aufzeigt; weiter aber geht der Gebrauch und die Wahrheit der zweiten Einseitigkeit für sich nicht, und der echte gesunde Menschenverstand mutet ihr auch nicht mehr zu; die Schulpedanterei macht sich hingegen gegen den gesunden Menschenverstand wieder auf dieselbe Weise lächerlich, / daß sie das, wovon er nur diesen relativen Gebrauch ad hominem machte, absolut aufnimmt, und es ernsthafterweise in philosophische Form gießt; dieses Verdienst hat die Kantische und Fichtesche Philosophie sich um die Voltairesche Argumentation erworben, ein Verdienst, dessen sich die Deutschen allgemein rühmen, einen französischen Einfall auszubilden und ihn verbessert, in sein gehöriges Licht gestellt, und gründlichermaßen ausgeführt und wissenschaftlich gemacht zurückzugeben, d. h. ihm gerade noch die relative Wahrheit, die er hat, zu nehmen, dadurch, daß ihm allgemeingültige Wahrheit, deren er nicht fähig ist, erteilt werden sollte.

Durch die absolute Subjektivität der Vernunft und ihre Entgegensetzung gegen die Realität, ist nunmehr die Welt der Vernunft absolut entgegengesetzt, dadurch absolute vernunftlose Endlichkeit und unorganische Sinnenwelt, die im unendlichen Progreß gleich Ich werden soll, d. h. absolut ist und bleibt. Also als etwas Vernunftwidriges zeigt sich schon die physische Natur (*Bestimmung d. Menschen*, S. 221ff), sie widerstrebt, unserem Geschlecht seinen Unterhalt zu gewähren, also daß „unsterbliche Geister genötigt sind, alles ihr Dichten und Trachten und ihre ganze Anstrengung auf den Boden zu heften, der ihre Nahrung trägt; noch jetzt ereignet sich oft, daß eine feindselige Witterung zerstört, was jahrelange Arbeit erforderte, und den fleißigen und sorgfältigen Mann, unverschuldet, (doch wohl auch oft mit Schulden) dem Hunger und dem Elende preisgibt; Wasserfluten, Sturmwinde, Vulkane, Erdbeben; Krankheiten, welche noch in diesem laufenden Jahre die Menschen wegraffen in der Blüte ihrer Kräfte, und Kinder, deren Dasein ohne Frucht und Folge vorübergeht; annoch Seuchen u.s.w., so kann es aber nicht immerdar bleiben sollen." Jedoch hat diese bewußtlose Natur immer noch viel mehr Verstand, als die Art, wie das Menschengeschlecht existiert, von dem annoch Horden Wilde ungeheure Wüsteneien durchirren, die, wenn sie sich begegnen, einander festlich auffressen; auch Heere, wenn sie einander erblicken, bringen einander um; so ausgerüstet mit dem Höchsten, was der menschliche Verstand ersonnen, durchziehen Kriegsflotten durch den Sturm und die Wellen die Meere, um einander umzubringen; diese verkehrten Menschen, wovon ein Teil den andern als Sklaven hält, obwohl unter sich im ewigen Kampfe, treten doch sogleich gegen das Gute, das schon für sich immer das Schwächere ist, sobald es sich blicken läßt, mit einander in Verbindung; was sie gar nicht nötig hätten, da außer dem, daß das Gute schon für sich das Schwächere ist, auch die Guten an ihrem Teil ihre Sache ebenso schlecht machen; denn bei Beförderung des Vernunftzwecks, für dessen unfehlbare Erreichung die Vernunft bürgt, betragen sich die Guten, in deren Tun das Ziel der Menschheit und auf deren Tun in der moralischen Weltordnung gerechnet ist, diese Guten betragen sich wie einfältige Spießbürger; / die Guten haben oft eine geheime Eigenliebe, tadeln und beschuldigen einander, jeder solcher Guten hält die Verbesserung, die er machen will, gerade für die wichtigste und beste, und klagt die andern Guten, denen die seinige nicht so wichtig ist, der Verräterei der guten Sache an; u.s.f., wie das in der *Bestimmung des Menschen* selbst ausführlicher zu lesen steht. Kurz eine moralische Empfindelei, wenn sie nur nach der Seite des Häßlichen und Unnützen hingeht, wie sonst die Frömmelei nach der Seite des Guten und Nützlichen, wird zur vernünftigen Ansicht der Welt; und die Philosophie hat sich selbst in die gemeine Ansicht der Subjektivität gestellt, welche, selbst eine Zufälligkeit und Willkür, d. h. ein Übel, auch objektiv das Übel, d. h. Zufälligkeit und Willkür erblickt, und ihrer eigenen Erhebung so wie der Erhebung ihrer Ansicht der Welt aus der Ansicht einer empirischen Notwendigkeit, welche Eins ist mit der Zufälligkeit, in die Ansicht einer ewigen Notwendigkeit, welche Eins ist mit der Freiheit, der Notwendigkeit der als Weltlauf existierenden Weisheit, und das, was Plato von der Welt sagt, daß die Vernunft Gottes sie als einen seligen Gott geboren habe, zu erkennen, sich völlig begeben. – Die Religion teilt mit dieser Philosophie der absoluten Subjektivität so wenig ihre Ansicht, daß, indem diese das Übel nur als Zufälligkeit und Willkür der schon an sich endlichen Natur begreift, sie vielmehr das Böse als Notwendigkeit der endlichen Natur, als Eins mit dem Begriff derselben darstellt, aber für diese Notwendigkeit zugleich eine ewige, d. h. nicht eine in den unendlichen Progreß hinaus verschobene und nie zu realisierende, sondern wahrhaft reale und vorhandene Erlösung darstellt, und der Natur, insofern sie als endliche und einzelne betrachtet wird, eine mögliche Versöhnung darbietet, deren ursprüngliche Möglichkeit, das Subjektive, im ursprünglichen Abbilde Gottes, ihr Objektives aber, die Wirklichkeit in seiner ewigen Menschwerdung, die Identität jener Möglichkeit und dieser Wirklichkeit aber durch den Geist als das Einssein des Subjektiven mit dem Mensch gewordenen Gotte, also die Welt an sich rekonstruiert, erlöst, und auf eine ganz andere Weise geheiligt ist, als daß in dem Ideal der moralischen Weltordnung die Vulkane u.s.w. nicht immerdar so bleiben wie sie annoch sind, daß jene nach und nach ausbrennen, die Orkane zahmer, die Krankheiten weniger schmerzhaft, der Dunstkreis der Wälder und Sümpfe verbessert werde u.s.w.; und weil in der Religion die Welt ihrem Wesen nach geheiligt ist, so wird sie nur für die Beschränktheit des Erkennens, die empirische Anschauung, und das eigene Zwecksetzen als ungeheiligt, die vollkommene Anschauung und die ewige Seligkeit aber ausdrücklich jenseits der Beschränktheit gesetzt, der Beschränktheit, welche in der moralischen Weltordnung immanent / sein, und zu deren Behuf sogar die Vulkane ausbrennen, die Erdbeben zahmer werden u.s.w., die Völker einander nicht mehr mit Krieg überziehen, noch ausplündern u.s.w., und die schlechthin bleiben soll. In dieser Philosophie ist hingegen die Welt weder ursprünglich Natur und göttlich, noch nach ihrer sittlichen Seite versöhnt, sondern an sich etwas Schlechtes; für die Endlichkeit aber ist das Böse doch nur ein Zufälliges und Willkürliches; wenn aber die physische und sittliche Welt an sich mehr als schlechte Sinnenwelt, und die Schlechtigkeit nicht absolut wäre, so fiele auch das andere Absolute, die Freiheit, dieser reine Wille, der eine Welt braucht, in der die Vernunft erst zu realisieren ist, und so der ganze Wert des Menschen hinweg, weil diese Freiheit nur ist, indem sie negiert, und nur negieren kann, solang das ist, was sie negiert.

So wenig nun das Ursprüngliche, als Natur, die absolute Vernunft als an sich seiend, und nicht erst im unendlichen Progreß werdend, wahrhaft erkannt ist, eben so wenig ist auch das Differenzverhältnis nach seiner Wahrheit erkannt, denn dieses ist als Ansich begriffen, und deswegen nicht aufzuheben; für dasselbe soll das Übel ein Zufälliges sein, da es doch selbst allein das Übel ist; jenes Übel aber, das sich für das Differenzverhältnis und Absondern von dem Ewigen noch besonders finden soll, kann nicht anders bestimmt werden, als daß es das jener absoluten Absonderung Entgegengesetzte ist; das der Absonderung Entgegengesetzte aber ist nichts als das Einssein mit dem Ewigen, und dieses müßte das Übel sein; wie wir oben gesehen haben, daß das Einssein mit dem Universum, daß das Universum in mir lebt und wirkt, der Gehorsam gegen das ewige

Gesetz der Natur und der heiligen Notwendigkeit, das Entsetzlichste und Wehmütigste für den Ich ist. So wenig die Differenz oder das Übel richtig begriffen ist, eben so wenig kann auch die Rekonstruktion echter Art sein, weil das Unendliche dem Endlichen, das Ideelle, die reine Vernunft, dem Reellen, der Existenz als ursprünglich unvereint, und unvereinbar gesetzt ist.

Diese Rekonstruktion müßte das Wesen des Geistes enthüllen, und ihn darstellen, wie in ihm als frei die Natur sich reflektiert, die sich in sich zurücknimmt, und ihre ursprüngliche ungeborgte reelle Schönheit in das Ideelle oder die Möglichkeit und somit sich als Geist erhebt, welcher Moment, insofern die Identität als Ursprünglichkeit mit der Totalität verglichen wird, dadurch allein als Bewegung und Zertrümmerung der Identität und als Rekonstruktion erscheint; — und wie das Wesen der Natur, in der Form der Möglichkeit, oder als Geist, seiner selbst als ein lebendiges Ideal in anschauarer und tätiger Realität genießt, und als sittliche Natur seine Wirklichkeit hat, in welcher das sittlich Unendliche, oder der Begriff, und das sittlich Endliche, oder die Individualität schlechthin Eins sind.

Aber da in diesem Formalismus einmal der Geist als Indifferenz absolut gegen das Differente fixiert ist, kann keine wahre Realität des Sittlichen, kein Einssein des / Begriffs desselben und seiner Wirklichkeit statt finden; das praktisch Ideale, der durch den reinen Willen gesetzte Zweckbegriff, ist jene reine Indifferenz und Leerheit; der Inhalt aber das Besondere der Individualität, oder Empirische des Wohlseins, und beide unfähig, in einer sittlichen Totalität Eins zu sein. Die absolute Mannigfaltigkeit dieser Empirie, formell aufgenommen in die Indifferenz oder in den Begriff, gibt eine Mannigfaltigkeit von Rechten, so wie die formelle Totalität derselben und ihr Reellwerden die Rechtsverfassung und den Staat. Nach dem Prinzip des Systems, daß der Begriff in dieser unverrückten Form der Entgegensetzung absolut sei, ist das Rechtliche, und die Konstruktion des Rechtlichen als eines Staats, ein für sich Seiendes, und der Lebendigkeit und Individualität absolut Entgegengesetztes; es ist nicht das Lebendige selbst, das sich in dem Gesetz zugleich allgemein setzt, und in dem Volke wahrhaft objektiv wird; sondern ihm tritt das Allgemeine für sich fixiert, als ein Gesetz schlechthin gegenüber, und die Individualität befindet sich unter absoluter Tyrannei; das Recht soll geschehen, aber nicht als innere, sondern als äußere Freiheit der Individuen, die ein Subsumiertwerden derselben unter den ihnen fremden Begriff ist; der Begriff wird hier zum schlechthin Objektiven und zur Gestalt eines absoluten Dings, von welchem abhängig zu sein, die Vernichtung aller Freiheit ist.

Was aber die andere Seite betrifft, nämlich daß der vom reinen Willen produzierte Zweckbegriff, wenn von ihm wirklich etwas mehr als Formelles produziert werden könnte, subjektiv sei und als Sittlichkeit der Einzelnen oder als Moralität sich darstelle, so ist hier der Inhalt des Begriffs, die in ideeller Form als Zweck und Absicht gesetzte Realität, irgend ein empirisch Gegebenes und nur die leere Form das Apriorische; es ist aber nicht der materielle Teil des Zwecks, sondern seine formelle Seite, der reine Wille, dasjenige was mein ist, Ich ist selbst der reine Wille. Aber an eine wahre Sittlichkeit, nämlich eine wahre Identität des Allgemeinen und Besondern, der Materie und der Form, ist hier eben so wenig zu denken; weil die Leerheit des reinen Willens und des Allgemeinen das wahrhaft Apriorische ist, so ist das Besondere ein schlechthin Empirisches. Was denn an und für sich Recht und Pflicht ist, eine Bestimmung hiervon zu geben, wäre widersprechend; denn der Inhalt hebt sogleich den reinen Willen, die Pflicht um der Pflicht willen auf, und macht die Pflicht zu etwas Materialem; die Leerheit des reinen Pflichtgefühls und der Inhalt kommen einander beständig in die Quere. Und da die Moralität, damit sie rein seie, in nichts anders, als in die leere Form des Bewußtseins gesetzt werden darf, daß ich weiß, daß ich pflichtmäßig handle, so muß eine Sittlichkeit, die sonst für sich rein ist, sich den / Inhalt ihres Tuns aus ihrer höhern wahrhaft sittlichen Natur schöpfen, und der Zusatz dieses Bewußtseins, worin schlechthin das Moralische bestehen soll, dient zu nichts, als sie zu legieren und zu verunreinigen. Wenn in der wahren Sittlichkeit die

Subjektivität aufgehoben ist, so wird dagegen durch jenes moralische Bewußtsein das Vernichten der Subjektivität gewußt, und damit die Subjektivität in ihrem Vernichten selbst festgehalten und gerettet, und Tugend, indem sie sich in Moralität verwandelt, zum notwendigen Wissen um ihre Tugend, d. h. zum Pharisäismus.

Wird aber nicht wahre Sittlichkeit vorausgesetzt, so steht es frei, indem die Moralität in der Form besteht, alle moralischen Zufälligkeiten in die Form des Begriffs zu erheben, und der Unsittlichkeit eine Rechtfertigung und ein gutes Gewissen zu verschaffen. Die Pflichten und Gesetze, da sie in dem Systeme, wie oben gezeigt, eine unendliche auseinander geworfene Mannigfaltigkeit, jede von gleicher Absolutheit, sind, machen eine Wahl notwendig, welche Wahl schlechthin das Subjektive ist, denn das Objektive, die Form der Allgemeinheit, ist das Gemeinschaftliche aller. Nun kann kein wirklicher Fall einer Handlung erdacht werden, der nicht mehrere Seiten hätte, von welchen, indem andere Pflichten übertreten, andern gehorcht, indem andern Pflichten gehorcht, andere übertreten werden, in welchem nicht Seiten sind, die als Pflichten gelten müssen, denn jede Anschauung eines wirklichen Falls ist unendlich durch den Begriff bestimmbar; bestimmt der eigne zufällige, schlechte Sinn diese Wahl, so ist er eine Unsittlichkeit, die sich aber durch das Bewußtsein der Seite der Handlung, von der sie Pflicht ist, vor sich selbst rechtfertigt und sich ein gutes Gewissen gibt. Ist aber das Gemüt sonst für sich redlich genug, objektiv handeln zu wollen, so steht ihm die Zufälligkeit der Pflichten, weil ihrer eine Menge sind, in der Menge aber das Einzelne ein Zufälliges wird, gegenüber; und es muß in jene traurige Unschlüssigkeit und in Schwäche verfallen, welche darin besteht, daß für das Individuum nur Zufälligkeit vorhanden ist, und es sich aus sich selbst keine Notwendigkeit erschaffen kann, noch darf. Entscheidet es sich aber für irgend eine der vielen Pflichten, so hat eine Entscheidung ihre Möglichkeit in der Bewußtlosigkeit über die unendliche Menge der Pflichten, in welche als in unendliche Qualitäten, wie jedes Wirkliche, so der wirkliche Fall des Handelns aufgelöst werden kann, und aus Pflicht aufgelöst werden muß. Das Wissen dieser Qualitäten, welche die Pflichtbegriffe abgeben, ist, weil sie empirisch unendlich sind, unmöglich, und doch als Pflicht schlechthin gefordert. Indem auf diese Weise die Bewußtlosigkeit über den ganzen Umfang der Rücksichten bei der Handlung und Mangel an der erforderten Einsicht schlechthin notwendig wird, so muß das Bewußtsein dieser Zufälligkeit des Handelns vorhanden sein, was gleich ist dem Bewußtsein der Immoralität. Echte Sittlichkeit wird also durch den Zusatz dieser Art von Bewußtsein seiner Pflichtmäßigkeit verunreinigt, und durch diese Moralität womöglich unsittlich gemacht, der Unsittlichkeit selbst durch das Bewußtsein / irgend einer Pflicht, das ihr nach dem Begriff der Sache nicht fehlen kann, die Rechtfertigung des Unsittlichen, strebenden redlichen Gemütern aber das Bewußtsein notwendiger Unsittlichkeit, nämlich die Sittlichkeit überhaupt unter der Gestalt der Zufälligkeit der Einsicht gegeben, welche sie schlechthin nicht haben soll. Und darum hat diese Vorstellung der Sittlichkeit, als Moralität, indem das wahrhaft Sittliche durch sie in Niederträchtigkeit, die Kraft in Schwäche umgewandelt, die Niederträchtigkeit aber als Moralität gerechtfertigt wird, so leicht aus der Philosophie als Wissenschaft in das allgemeine Publikum übergehen und sich so beliebt machen können.

Die Realität des Idealen, die wir bisher betrachteten, war der Inhalt, den das leere Ideelle des reinen Willens erhielt; außer diesem immer noch Innern ist noch die äußere Seite des Zweckbegriffs, welche, wir haben gesehen wie, nunmehr einen Inhalt hat, übrig; nämlich die Seite des formalen Idealismus, nach welcher sich die bisherige praktische Übersinnlichkeit zugleich als Erscheinung darstellt; diese Erscheinung ist das Ganze der Handlung, teils angeschaut in der empirischen Form, auseinandergezogen als Veränderung und Wirkungen in der Zeit; teils aber soll die Realität des übersinnlichen Zweckbegriffs auch eine folgereiche Fortsetzung der Handlung in der übersinnlichen Welt selbst sein, Prinzip einer Reihe von geistigen Wirkungen; welches letztere nichts ausdrückt, als die in das Gei-

stige selbst hineingetragene Empirie und Zeitlichkeit, wodurch das Geistige ein Geisterreich wird; denn im wahrhaft Geistigen, und in der Idee ist keine Reihe noch Folge; nur wenn die Idee vors erste dadurch verendlicht ist, daß sie einer sinnlichen Sphäre entgegen und als geistige gesetzt, und dann diese geistige Sphäre selbst wieder in eine unendliche Menge von geistigen Atomen, Subjektivitäten als Bürgern eines Dings, das Geisterreich heißt, qualitativ zersplittert ist, kann von geistigen Folgen die Rede sein.
10 Das Spekulative, was darin liegt, daß die Idee, die übrigens selbst nur empirisch als Zweck eines Handelns und als ein von Subjektivität Affiziertes vorkommt, das Ewige ist desjenigen, was in der Sinnenwelt als eine Reihe von Veränderungen erscheint, verliert sich so zum Überflusse noch vollends durch die Form einer absoluten geistigen Sphäre, in welcher Folgen sind, und ihren Gegensatz, den sie gegen eine noch außer ihr vorhandene sinnliche Welt hat, wenn jenes Übersinnliche nicht schon selbst sinnlich genug wäre; die Konstruktion der sittlichen Idee, hier des Vernunft-
20 zwecks, der in der moralischen Weltordnung realisiert werden soll, geht, statt sich in dem philosophischen Standpunkte zu halten, in empirisch geschichtliche Rücksichten, und die Ewigkeit der sittlichen Idee in einen empirisch-unendlichen Progreß über; von Spekulativem ist nichts zu sehen, als die Idee des Glaubens, durch welchen die / Identität des Subjektiven und Objektiven, des Idealen und Realen gesetzt ist, eine Idee, die aber etwas schlechthin Formelles bleibt; sie dient nur, um von dem leeren reinen Willen auf das Empirische hinüber zu springen; was zum Grun-
30 de liegen bleibt, ist die absolute Endlichkeit eines Subjekts und eines Handelns, und ihm gegenüber eine zu vernichtende, vernunftlose Sinnenwelt, und dann eine in die Unendlichkeit intellektueller Einzelheiten auseinander geworfene, und der sinnlichen absolut entgegengesetzte übersinnliche Welt, deren wahrhafte und inhaltreiche Identität, da alle diese Endlichkeiten absolut sind, ein Jenseits und in allem Bisherigen, was wir von der Sittlichkeit betrachtet haben, nirgends aufgetreten ist; und daß auf diese Weise, da nach dem System das Ich, als das Absolute, sich im Theoreti-

schen mit einem NichtIch affiziert bekennt, aber im Praktischen diese Zeitlichkeit aufzulösen vorgibt, die Vernunft-Idee der Identität des Subjektiven und Objektiven etwas für die Wissenschaft rein Formelles und bloß Vorgegebenes ist, konnte so nur erwiesen werden, daß an jenem Praktischen gezeigt wurde, wie diese Idee in demselben nicht konstruiert, sondern durchgehends abwesend, und vielmehr nicht ein gesunder, sondern ein von aller Gesundheit abgekommener, in Reflexions-Aberglauben verhärteter und in formeller Wissenschaft, welche er seine Deduktion nennt, steckender Verstand herrschend ist, von welchem wir die untergeordnete Sphäre, worin Spekulation zu finden ist, nämlich die Idee der transzendentalen Einbildungskraft, bei der Kantischen Philosophie beleuchtet haben, und welchem wir in dem, was ihm Ideale, moralische Weltordnung, Vernunft-Zweck sind, in seinen praktischen Realitäten, um die Abwesenheit der Idee an ihnen selbst zu zeigen, denn auch haben folgen müssen.

[SCHLUSS]

Nachdem auf diese Weise durch die Totalität der betrachteten Philosophien der Dogmatismus des Seins in den Dogmatismus des Denkens, die Metaphysik der Objektivität in die Metaphysik der Subjektivität umgeschmolzen, und also der alte Dogmatismus und Reflexionsmetaphysik durch diese ganze Revolution der Philosophie zunächst nur die Farbe des Innern, oder der neuen und modischen Kultur angezogen, die Seele als Ding in Ich als praktische Vernunft, in Absolutheit der Persönlichkeit und der Einzelheit des Subjekts — die Welt aber als Ding in das System von Erscheinungen, oder von Affektionen des Subjekts, und geglaubten Wirklichkeiten, — das Absolute aber als ein Gegenstand und absolutes Objekt der Vernunft in ein absolutes Jenseits des vernünftigen Erkennens sich umgewandelt, und diese Metaphysik der Subjektivität, während andere Gestalten derselben auch selbst in dieser Sphäre nicht zählen, den vollständigen Zyklus ihrer Formen in der Kantischen, Jacobischen und Fichteschen Philosophie durchlaufen, und also dasjenige, was zur / Seite der Bildung zu rechnen ist, nämlich das Absolutsetzen der einzelnen Dimensionen der Totalität, und das Ausarbeiten einer jeden derselben zum System, vollständig dargestellt und damit das Bilden beendigt hat, so ist hierin unmittelbar die äußere Möglichkeit gesetzt, daß die wahre Philosophie, aus dieser Bildung erstehend, und die Absolutheit der Endlichkeiten derselben vernichtend, mit ihrem ganzen, der Totalität unterworfenen Reichtum sich als vollendete Erscheinung zugleich darstellt; denn, wie die Vollendung der schönen Kunst durch die Vollendung der mechanischen Geschicklichkeit, so ist auch die reiche Erscheinung der Philosophie durch die Vollständigkeit der Bildung bedingt, und diese Vollständigkeit ist durchlaufen.

Der unmittelbare Zusammenhang aber dieser philosophischen Bildungen mit der Philosophie — ein Zusammenhang, dessen die Jacobische Philosophie am meisten entbehrt — und ihre positive, wahrhafte aber untergeordnete Stelle in derselben, erhellt aus demjenigen, was sich bei Gelegenheit dieser Philosophien über die Unendlichkeit, die ihr zum Absoluten gemachtes, und dadurch mit der Entgegensetzung gegen die Endlichkeit behaftetes Prinzip ist, ergeben hat; indem in denselben das Denken als Unendlichkeit und negative Seite des Absoluten, welche die reine Vernichtung des Gegensatzes oder der Endlichkeit, aber zugleich auch der Quell der ewigen Bewegung oder der Endlichkeit, die unendlich ist, das heißt, die sich ewig vernichtet, aus welchem Nichts und reinen Nacht der Unendlichkeit die Wahrheit als aus dem geheimen Abgrund, der ihre Geburtsstätte ist, sich emporhebt, — erkannt wird. Da für die Erkenntnis diese negative Bedeutung des Absoluten, oder die Unendlichkeit durch die positive Idee, daß das Sein schlechthin nicht außer dem Unendlichen, Ich, Denken, sondern beide Eins sind, bedingt ist, so war von diesen Reflexionsphilosophien teils nichts abzuhalten, als daß die Unendlichkeit, Ich, nicht wieder wie in ihnen geschah, statt unmittelbar ins Positive der absoluten Idee überzuschlagen, auf diesem Punkt sich fixierte und zur Subjektivität wurde, wodurch sie wieder in den alten Gegensatz und in die ganze Endlichkeit der Reflexion herunterfiel, die sie selbst vorher vernichtete; teils aber ist die Unendlichkeit, und das Denken, das sich als Ich und Subjekt fixiert und das Objekt oder das Endliche so gegen sich über erhält, also von dieser Seite auf gleicher Stufe mit ihm steht, auf der andern Seite, weil sein innerer Charakter Negation, Indifferenz ist, dem Absoluten näher als das Endliche, so auch die Philosophie der Unendlichkeit der Philosophie des Absoluten näher als die des Endlichen. Der reine Begriff aber, oder die Unendlichkeit, als der Abgrund des Nichts, worin alles Sein versinkt, muß den unendlichen Schmerz, der vorher nur in der Bildung geschichtlich und als das Gefühl war, worauf / die Religion der neuen Zeit beruht, das Gefühl: Gott selbst ist tot, dasjenige, was gleichsam nur empirisch ausgesprochen war, mit Pascals Ausdrücken: la nature est telle qu'elle marque partout un Dieu perdu et dans l'homme et hors de l'homme, rein als Moment, aber auch nicht als mehr denn als Moment der höchsten Idee bezeichnen, und so dem, was etwa auch entweder moralische Vorschrift einer Aufopferung des empirischen Wesens oder der Begriff formeller Abstraktion war, eine philosophische Existenz geben, und also der Philosophie die Idee der absoluten Freiheit, und damit das absolute Leiden oder den spekulativen Karfreitag, der sonst historisch war, und ihn selbst, in der ganzen Wahrheit und Härte seiner Gottlosigkeit wiederherstellen, aus welcher Härte allein, weil das Heitre, Ungründlichere und Einzelnere der dogmatischen Philosophien, so wie der Naturreligionen verschwinden muß, die höchste Totalität in ihrem ganzen Ernst und aus ihrem tiefsten Grunde, zugleich allumfassend, und in die heiterste Freiheit ihrer Gestalt auferstehen kann und muß.

ANMERKUNGEN DER HERAUSGEBER*

Die Anmerkungen beschränken sich 1. auf Nachweise der im Text vorkommenden Zitate, Bezugnahmen und Realien, 2. auf die Übersetzung fremdsprachlicher Ausdrücke und Zitate und 3. bei möglichen Zweifelsfällen auf textkritische Angaben bzw. Lesehilfen; sie sind kein Kommentar. Schwer zugängliche Zitate werden ausführlicher nachgewiesen; bei leicht zugänglichen Schriften werden Nachweise in extenso nur dort gebracht, wo Hegel das Original stark verkürzt oder mißverständlich wiedergibt. Öfter herangezogene Schriften bzw. Ausgaben werden in den Anmerkungen wie folgt zitiert:

Beiträge.	Beyträge zur leichtern Uebersicht des Zustandes der Philosophie beym Anfange des 19.Jahrhunderts. Hrsg. von C. L. Reinhold. Heft 1 und 2. Hamburg: Perthes 1801. Heft 3. Ebenda 1802. Es erschienen noch drei weitere Hefte (4–6) ebenda 1802–1803.
Fichte: Bestimmung des Menschen.	Johann Gottlieb Fichte: Die Bestimmung des Menschen. Berlin: Vossische Buchhandlung 1800.
Fichte: Werke.	Johann Gottlieb Fichte's sämmtliche Werke. Hrsg. von I. H. Fichte. 8 Bde. Berlin 1845–1846. (Nachdruck W. de Gruyter, Berlin 1971)
Hegel: Differenzschrift.	Differenz des Fichte'schen und Schelling'schen Systems der Philosophie in Beziehung auf Reinhold's Beyträge zur leichtern Übersicht des Zustands der Philosophie zu Anfang des neunzehnten Jahrhunderts, 1stes Heft – von Georg Friedrich Wilhelm Hegel – der Weltweisheit Doktor. Jena, in der akademischen Buchhandlung bey Seidler. 1801. XII und 184 S. – Studienausgabe in der Philosophischen Bibliothek Bd. 319a. Hamburg 1979. S. 1–116.
Jacobi: David Hume.	Friedrich Heinrich Jacobi: David Hume über den Glauben – oder Idealismus und Realismus. Ein Gespräch. Breslau: Loewe 1787.

* Siehe oben S. XIV

136 Anmerkungen der Herausgeber

Jacobi: Spinoza.	Friedrich Heinrich Jacobi: Ueber die Lehre des Spinoza in Briefen an den Herrn Moses Mendelssohn. Neue vermehrte [= 2.] Ausgabe. Breslau: Loewe 1789.
Jacobi an Fichte.	Jacobi an Fichte. Hamburg: Perthes 1799.
Jacobi: Werke.	Friedrich Heinrich Jacobi's Werke. 6 Bde. Leipzig 1812–1825. (Nachdruck Wissenschaftl. Buchgesellschaft, Darmstadt 1968)
Kant: Kritik der reinen Vernunft. B.	Immanuel Kant: Critik der reinen Vernunft. 2. hin und wieder verbesserte Auflage. Riga: Hartknoch 1787.
Kant: Kritik der praktischen Vernunft.	Immanuel Kant: Critik der praktischen Vernunft. Riga: Hartknoch 1788.
Kant: Kritik der Urteilskraft.	Immanuel Kant: Critik der Urtheilskraft. Berlin und Libau: Lagarde und Friederich 1790.
Spinoza: Opera (ed. Paulus).	Benedicti de Spinoza opera quae supersunt omnia. Iterum edenda curavit, praefationes, vitam auctoris, nec non notitias, quae ad historiam scriptorum pertinent addidit Henr. Eberh. Gottlob Paulus. 2 Bde. Jena: Akademische Buchhandlung 1802–1803.
Spinoza: Opera (ed. Gebhardt).	Spinoza Opera. Im Auftrag der Heidelberger Akademie der Wissenschaften hrsg. von Carl Gebhardt. 4 Bde. Heidelberg o. J.

1,21 Vgl. *Kant: Die Religion innerhalb der Grenzen der bloßen Vernunft.* Königsberg 1793.

2,16–17 *Jacobi: Spinoza.* 220. Vgl. *Jacobi: Werke.* Bd 4, Abt. 1.214.

3,38 in diesem reell werden] möglicherweise zu lesen: in diesem Reellwerden.

4,15–17 Zur Wendung Hain zu Hölzern siehe *Horaz: Epistolae.* I 6, 31f; zum folgenden: Psalm 115, Vers 4ff.

5,28 seine Erhebung] seine = innerer Grund.

6,35 einzige Ansich] Original: Einzige an sich.

7,26 Schmerzens] von: der Schmerzen (mask.).

9,25 Schmerzens] vgl. Anm. zu 7,26.

14,5 Das Endliche erkennen] wohl zu lesen: Das endliche Erkennen.

15,8–11 *Kant: Kritik der reinen Vernunft.* B 631; *Kritik der praktischen Vernunft.* 223ff.

15,37–38 *Kant: Kritik der reinen Vernunft.* B 75.

16,12–34 Hegel zitiert Lockes Sätze wörtlich aus der folgenden deutschen Ausgabe: *Herrn Johann Lockens Versuch vom Menschli-*

Anmerkungen der Herausgeber 137

chen Verstande. Aus dem Englischen übersetzt und mit Anmerkungen versehen von Heinrich Engelhard Poleyen. Altenburg 1757. 8.

17,5—6 *Kant: Kritik der reinen Vernunft.* B 19; *Prolegomena zu einer jeden künftigen Metaphysik, die als Wissenschaft wird auftreten können.* § 5.

17,7—15 *Kant: Kritik der reinen Vernunft.* B 19f.

17,24—34 Vgl. ebenda. B 116ff, B 33ff, B 131ff.

19,21—22 Ebenda. B 135: „Denn durch das Ich, als einfache Vorstellung, ist nichts Mannigfaltiges gegeben; ..."

20,23—25 Ebenda. B 131ff.

20,37 vorhin] Siehe 17,21ff.

23,11—13 Vgl. *Kant: Prolegomena.* § 20 Anm.

23,29 *Kant: Kritik der reinen Vernunft.* B 187ff.

24,30—31 koaleszieren: zusammenwachsen.

24,38—25,2 Siehe die *Einleitung* zu *Kant: Kritik der Urteilskraft.*

25,6—11 Nicht der dritte, eherne, sondern der vierte, zusammengesetzte König aus Goethes *Märchen* (zur *Fortsetzung der Unterhaltungen deutscher Ausgewanderten*.) ist gemeint. Vgl. *Die Horen.* Herausgegeben von *Schiller.* Tübingen. Jg. 1795, Stück 10. 145f.

25,26 absolut] wohl zu lesen: absolut,

25,35—26,11 *Kant: Kritik der reinen Vernunft.* B 427f.

27,35—36 als die Erfahrung objektiv, das bewußtlose System] wohl zu lesen als: wie die Erfahrung objektiv, als das bewußtlose System

28,23 nachher] Siehe 33,24ff.

28,30—35 Um dieser Weigerung willen ... zu Stande kommt.] Dieser Satz ist grammatisch unklar. Lasson liest möglicherweise richtig: Um dieser Weigerung willen bleibt ihr nichts übrig als die reine Leerheit der Identität, welche die Vernunft bloß im Urteil betrachtet als das für sich selbst seiende Allgemeine, d.h. das Subjektive, wie es in seinem völlig von der Mannigfaltigkeit gereinigten Zustand als reine abstrakte Einheit zustande kommt.

29,6—8 Vgl. *Kant: Kritik der reinen Vernunft.* B 359.

29,15—18 Ebenda. B 670ff.

29,25—26 ausreutet: oberdeutsch für ausrottet (lat.: exstirpare).

30,28—29 *Kant: Kritik der reinen Vernunft.* B 370ff.

30,33 Vgl. ebenda. B 399ff.

31,11 Vgl. ebenda. B 454ff, 545ff.

32,9 Vgl. ebenda. B 472ff, 556ff.

32,30 Vgl. ebenda. B 595ff.

33,4 Vgl. *Moses Mendelssohn: Morgenstunden oder Vorlesungen über das Daseyn Gottes.* Erster [einziger] Theil. Veränderte Auflage. Berlin 1786. Dort vor allem *Vorlesung XVII: Beweisgründe a priori vom Dasein eines allervollkommensten, notwendigen, unabhängigen Wesens* (306—328).

33,33—35 *Kant: Kritik der Urteilskraft.* V, XXff.

34,10—13 Ebenda. 67ff.

34,13—18 Ebenda. 190f.

34,20—24 Ebenda. 235.
34,26—34 Ebenda. 237.
34,36—37 Ebenda. 237f; vgl. *Kritik der reinen Vernunft.* B 762ff.
35,6 exhauriert: erschöpft, ermüdet (von lat. exhaurire).
36,4—7 *Kant: Kritik der Urteilskraft.* 336.
36,7—17 Ebenda. 343—347.
36,19 oben] Siehe 20ff.
36,30—38 *Kant: Kritik der Urteilskraft.* 336f.
37,24—38,3 Ebenda. §§ 76—78.
38,3—14 Ebenda. 320ff.
38,35—39,5 Zitat aus *Kant: Kritik der Urteilskraft.* 367f.
41,21 Vgl. *Kant: Kritik der praktischen Vernunft.* 223ff, 219ff.
41,33—39 Das Spekulative ... Moral und Glückseligkeit;] Original: Das Spekulative dieser Idee ist freilich von Kant in die humane Form umgegossen, daß Moralität und Glückseligkeit harmonieren, und wenn diese Harmonie wieder zu einem Gedanken gemacht wird, und dieser das hochste Gut in der Welt heißt, daß dieser Gedanke realisiert sei, so was schlechtes, wie eine solche Moralität und Glückseligkeit;
41,34—38 *Kant: Kritik der praktischen Vernunft.* 223ff.
42,28—29 Ebenda. 255ff.
44,31—45,2 Der Satz lautet bei *Jacobi: David Hume.* V f: „Meine Philosophie behauptet keine zwiefache Erkenntnis des wirklichen Daseins, sondern nur eine einfache, durch Empfindung; und schränkt die Vernunft, für sich allein betrachtet, auf das bloße Vermögen Verhältnisse deutlich wahrzunehmen, d. i. **den Satz der Identität zu formieren und darnach zu urteilen**, ein. Nun muß ich aber eingestehen, daß die Bejahung bloß identischer Sätze, allein apodiktisch sei, und eine absolute Gewißheit mit sich führe; und daß die Bejahung des Daseins an sich von einem Dinge ausser meiner Vorstellung, nie eine solche apodiktische Bejahung sein, und eine absolute Gewißheit mit sich führen könne". Diese Vorrede wurde in *Jacobi: Werke* (Bd 2) nicht aufgenommen.
45,3—9 Veränderter Text in *Jacobi: Werke.* Bd 4, Abt. 1.210.
45,9—14 Veränderter Text ebenda. 223.
45,21—22 quicquid est, illud est: was ist, das ist.
45,14—24 Verkürztes Zitat aus *Jacobi: Spinoza.* 421. Vgl. *Jacobi: Werke.* Bd 4, Abt. 2. 150f.
45,25 Vgl. *Jacobi: Werke.* Bd 4, Abt. 1.231; Bd 2.193.
45,30 Vgl. *Jacobi: Werke.* Bd 4, Abt. 2.145.
46,6—7 Vgl. *Jacobi: Werke.* Bd 2.193. — totum parte prius esse necesse est: Es ist notwendig, daß das Ganze früher ist als der Teil.
46,11—12 idem est idem: Gleiches ist Gleiches; oder: Selbiges ist selbig.
46,24—25 Vgl. ferner *Jacobi: David Hume.* 105. Vgl. *Jacobi: Werke.* Bd 2.197f; Bd 4, Abt. 2.145.

46,31–47,1 *Jacobi: David Hume.* 95ff. Vgl. *Jacobi: Werke.* Bd 2.194ff.

47,5–48,9 Hegel zitiert im folgenden mit größeren Auslassungen *Jacobi: David Hume.* 111–119. Vgl. *Jacobi: Werke.* Bd 2.209–214.

49,10–50,2 Verkürztes Zitat aus *Jacobi: David Hume.* 119–122. Vgl. *Jacobi: Werke.* Bd 2.214–217.

51,21–52,4 *Jacobi: Spinoza.* Beilage VII, bes. 405ff; *Jacobi: David Hume.* 101. Vgl. *Jacobi: Werke.* Bd 4, Abt. 2.133ff; Bd 2.199.

52,10 nachher] Siehe 58,25ff.

52,13–32 *Jacobi: Spinoza.* 405ff. Vgl. *Jacobi: Werke.* Bd 4, Abt. 2.134ff.

52,38–53,14 *Jacobi: David Hume.* 97f. Vgl. *Jacobi: Werke.* Bd 2.196f. — Die Worte Mendelssohns stehen *Jacobi: Spinoza.* 84. Vgl. *Jacobi: Werke.* Bd 4, Abt. 1.109.

53,17 natura naturata: hervorgebrachte, entstandene Natur (im Gegensatz zur natura naturans, der hervorbringenden, entstehenlassenden Natur).

53,18–21 *Jacobi: Spinoza.* 407ff. Vgl. *Jacobi: Werke.* Bd 4, Abt. 2.135ff.

53,22–23 Zum folgenden siehe *Spinoza: Ethica.* Pars II. Propositio XLIV, Demonstratio, Corollarium I, Scholium. — *Spinoza: Epistolae.* Nr XXIX (= Epistola XII nach Gebhardts Zählung). Vgl. *Spinoza: Opera* (ed. Paulus). Bd 1.526ff; *Spinoza: Opera* (ed. Gebhardt). Bd 4.52ff.

53,26 imaginari: (bloß) einbilden, vorstellen; auxilium imaginationis: Hilfsmittel der Einbildungskraft.

53,36 Vgl. *Jacobi: Werke.* Bd 4, Abt. 2.141.

53,37–38 secundum ... fluit: gemäß jenem Modus, der aus den ewigen Dingen fließt.

54,12–20 *Jacobi: Spinoza.* 407. Vgl. *Jacobi: Werke.* Bd 4, Abt. 2.135f.

54,25 infinitum actu: das wirklich(e) Unendliche.

54,25–31 *Spinoza: Opera* (ed. Paulus). Bd 1.526ff; die referierte Stelle aus Epistola XXIX steht 530: ,,Porro cum ex modo dictis satis pateat, nec Numerum, nec Mensuram, nec Tempus, quandoquidem non nisi auxilia imaginationis sunt, posse esse infinitos. Nam alias Numerus non esset numerus, nec Mensura mensura, nec Tempus tempus. Hinc clare videre est, cur multi, qui haec tria cum rebus ipsis confundebant, propterea quod veram rerum naturam ignorabant, Infinitum actu negarunt''. Es handelt sich um Epistola XII nach der Zählung von *Spinoza: Opera* (ed. Gebhardt). Bd 4.52ff; die referierte Stelle steht hier 58f.

54,31–34 *Spinoza: Opera* (ed. Paulus). Bd 2.39: ,,Cum finitum esse revera sit ex parte negatio et infinitum absoluta affirmatio existentiae alicujus naturae, sequitur ergo ex sola 7. Prop. omnem substantiam debere esse infinitam''. Vgl. *Spinoza: Opera* (ed. Gebhardt). Bd 2.49.

55,8—16 *Spinoza: Epistolae.* Nr XXIX (= Epistola XII nach Gebhardts Zählung): „Ex quibus omnibus clare constat, nos Modorum existentiam et Durationem, ubi, ut saepissime fit, ad solam eorum essentiam, non vero ad ordinem Naturae attendimus, ad libitum et quidem propterea nullatenus, quem eorum habemus, conceptum destruendo, determinare, majorem minoremque concipere, atque in partes dividere posse .../ Porro ex eo, quod Durationem et Quantitatem pro libitu determinare possumus, ubi scilicet hanc a Substantia abstractam concipimus et illam a Modo, quo a rebus aeternis fluit, separamus, oritur Tempus et Mensura;..." Vgl. *Spinoza: Opera* (ed. Paulus). Bd 1.528f; *Spinoza: Opera* (ed. Gebhardt). Bd 4.55f.

56,5—7 Vgl. vorliegenden Band 47,5—9.

56,12—16 *Jacobi: Spinoza.* 407. Vgl. *Jacobi: Werke.* Bd 4, Abt. 2.135f.

57,3—9 *Jacobi: Spinoza.* 409ff, 417ff. Vgl. *Jacobi: Werke.* Bd 4, Abt. 2.137ff, 147ff.

57,17—20 *Jacobi: Spinoza.* 407. Vgl. *Jacobi: Werke.* Bd 4, Abt. 2.135.

58,4 oben] Siehe 44—46 und 49f.

58,11—12 *Jacobi: Spinoza.* 417. Vgl. *Jacobi: Werke.* Bd 4, Abt. 2.147.

58,18—21 Vgl. *Jacobi: Werke.* Bd 4, Abt. 2.148f.

58,27—28 *Jacobi: Spinoza.* 407. Vgl. *Jacobi: Werke.* Bd 4, Abt. 2.135f.

58,29—59,2 *Spinoza: Epistolae.* Nr XXIX (= Epistola XII nach Gebhardts Zählung): „Sed quam misere ratiocinati sint, judicent Mathematici, quibus hujus farinae Argumenta nullam moram injicere potuerunt in rebus, ab ipsis clare distincteque perceptis". Vgl. *Spinoza: Opera* (ed. Paulus). Bd 1.530; *Spinoza: Opera* (ed. Gebhardt). Bd 4.59. — Zum folgenden vgl. ebenda.

59,11 oben] Siehe 54,31—36.

60,26—29 *Jacobi: Spinoza.* 183. Vgl. *Jacobi: Werke.* Bd 4, Abt. 1.183f.

61,17—25 *Jacobi: Spinoza.* 407f. Vgl. *Jacobi: Werke.* Bd 4, Abt. 2.136.

61,26—30 Vgl. *Jacobi: Werke.* Bd 2.393f. — Siehe auch *Jacobi: Spinoza.* 407f. Vgl. *Jacobi: Werke.* Bd 4, Abt. 2.136.

62,9 oben] Siehe 44ff.

62,20—30 *Beiträge.* H. 3.1—110: *F. H. Jacobi: Über das Unternehmen des Kritizismus, die Vernunft zu Verstande zu bringen, und der Philosophie überhaupt eine neue Absicht zu geben.* — S. 82 heißt es in einer Anmerkung: „Hier beginnt die Ausarbeitung meines Freundes Köppen". Vgl. auch ebenda. 5f. Vgl. *Jacobi: Werke.* Bd 3.59—195; das Zitat Hegels steht dort 172, der Hinweis auf Köppen 158 und 66f.

63,6 oben] Siehe 45,14—24.

Anmerkungen der Herausgeber 141

63,8–21 *Jacobi: Spinoza.* 423, 425f. Vgl. *Jacobi: Werke.* Bd 4, Abt. 2.152, 153ff.

64,3–6 *Taschenbuch für das Jahr 1802.* Hrsg. von *J. G. Jacobi.* Hamburg. 3–46: *F. H. Jacobi: Über eine Weissagung Lichtenbergs.* – Das Taschenbuch hatte früher den Titel *Überflüssiges Taschenbuch.* – Vgl. *Jacobi: Werke.* Bd 3.225 Anm.

64,8–19 Vgl. *Jacobi: Werke.* Bd 3.143f, 175f.

65,9–13 *Jacobi: Spinoza.* 238f. Vgl. *Jacobi: Werke.* Bd 4, Abt. 1.231f.

65,18–20 Vgl. *Jacobi: Werke.* Bd 3.217.

65,30–32 *Jacobi: Spinoza.* 223 Anm., 340. Vgl. *Jacobi: Werke.* Bd 4, Abt. 1.216f Anm. und Abt. 2.79.

65,38–66,16 *J. G. Herder: Gott. Einige Gespräche über Spinoza's System; nebst Shaftesburi's Naturhymnus.* Zweite, verkürzte und vermehrte Ausgabe. Gotha 1800. Vgl. *Herder: Sämmtliche Werke.* Hrsg. von B. Suphan. Bd 16. Berlin 1887. 479f, 502, 545f.

66,17–18 *Jacobi: Spinoza.* 42. Vgl. *Jacobi: Werke.* Bd 4, Abt. 1.72.

66,24–34 Vgl. *Herder: Sämmtliche Werke.* Hrsg. von B. Suphan. Bd. 16. Berlin 1887. 452.

67,3–9 *Beiträge.* H. 3.110. Vgl. *Jacobi: Werke.* Bd 3.194f. – Siehe dazu Anm. zu 62,20–30.

67,15–18 Vgl. Anm. zu 62,20–30.

67,27–28 galimathisieren: durch Wortverdrehung Unsinn reden.

67,35–70,35 Hegel referiert hier *Beiträge.* H. 3.14–16. Vgl. *Jacobi: Werke.* Bd 3.76–79.

68,4–8 Hegel zitiert Kant ausführlicher als Jacobi.

69,22–70,16 Hegel zitiert Kant hier mit einer Auslassung wörtlich; die Hervorhebungen stammen meist von Hegel.

70,28 toto coelo: himmelweit.

71,2–6 *Beiträge.* H. 3.13 Anm. Diese Anm. nicht in *Jacobi: Werke.* Bd 3. – Jacobi zitiert in dieser Anm. aus seiner Schrift: *David Hume.* 122 (vgl. *Jacobi: Werke.* Bd 2.217).

71,31–34 *Beiträge.* H. 3.59,85 (vgl. Anm. zu 62,20–30). – Jacobi und Köppen verweisen auf *Kant: Kritik der reinen Vernunft.* B 103. Vgl. *Jacobi: Werke.* Bd 3.129,162.

71,31–32 Fortsetzer: gemeint ist Fr. Köppen; vgl. Anm. zu 62, 20–30.

71,39 Siehe vorliegenden Band 17ff.

72,16–25 *Beiträge.* H. 3.47. Vgl. *Jacobi: Werke.* Bd 3.115f.

72,22 Schildkröte: vgl. Literaturverzeichnis oben S. XVIII unter D. Henrich.

72,33–73,4 *Beiträge.* H. 3.34; *Taschenbuch* (siehe Anm. zu 64,3–6). 24f, 15, 34f. Vgl. *Jacobi: Werke.* Bd 3.99f; 218f, 210, 229f.

73,6–18 *Beiträge.* H. 3.51f. Vgl. *Jacobi: Werke.* Bd 3.121.

73,19—22 Vgl. *Beiträge.* H. 3. Z. B. 17, 45ff, 60, 66f. Vgl. *Jacobi: Werke.* Bd 3. 79f, 113ff, 131, 138ff.

73,39—74,7 *Beiträge.* H. 3.17. Vgl. *Jacobi: Werke.* Bd 3.79f.

74,13 oben] Siehe 49ff.

74,25—28 *Beiträge.* H. 3.57. Jacobi zitiert hier *Kant: Kritik der reinen Vernunft.* B 103. — Vgl. *Jacobi: Werke.* Bd 3.128.

74,35—37 *Beiträge.* H. 3.75. Vgl. *Jacobi: Werke.* Bd 3.150.

75,3—7 *Beiträge.* H. 3.69f. Vgl. *Jacobi: Werke.* Bd 3.142ff.

75,19—29 *Beiträge.* H. 3.80f. Vgl. *Jacobi: Werke.* Bd 3.157f.

75,37—76,4 *Beiträge.* H. 3.5. Vgl. *Jacobi: Werke.* Bd 3.65f.

76,6—16 *Beiträge.* H. 3.61ff. Vgl. *Jacobi: Werke.* Bd 3.132ff.

76,14 hoc opus, hic labor: hier die Aufgabe, hier die Arbeit.

76,29 *Beiträge.* H. 3.82. Vgl. in anderer Formulierung *Jacobi: Werke.* Bd 3.158.

76,32—77,26 Verkürztes Zitat mit Hegelschen Einschüben aus *Beiträge.* H. 3.83—85. Vgl. *Jacobi: Werke.* Bd 3.161f.

78,7—17 Verkürztes Zitat. Vgl. *Jacobi: Werke.* Bd 4, Abt. 2.153.

78,17—21 Vgl. *Jacobi: Werke.* Bd 3.227.

78,31—34 *Platon: Timaios.* 35a.

78,34—35 Für den Sinn ...] Siehe vorliegenden Band 64,8—10.

79,3—4 Vgl. Anm. zu 64,3—6.

79,11 launigte] = launige

79,20—30 *Taschenbuch* (vgl. Anm. zu 64,3—6). 7f. Vgl. *Jacobi: Werke.* Bd 3.203f.

79,36—80,17 *Taschenbuch* (vgl. Anm. zu 64,3—6). 39f Anm. Die Stelle nicht in *Jacobi: Werke.* Bd 3.

80,5—8 Vgl. *Jacobi: Werke.* Bd 4, Abt. 2.146.

80,6 causa sui: Ursache seiner selbst.

80,19 principii compositionis: der Quelle (der Möglichkeit) der zusammengesetzten (Dinge). Vgl. *A.G. Baumgarten, Metaphysica.* Editio VII, Halle 1779. 94, § 311: „Principium possibilitatis principium essendi[1] (compositionis) ... dicitur, ... [1]Quelle der Möglichkeit."

80,29—37 *Taschenbuch* (vgl. Anm. zu 64,3—6). 40f Anm. Die Stelle nicht in *Jacobi: Werke.* Bd 3.

81,24—38 *Taschenbuch* (vgl. Anm. zu 64,3—6). 41 Anm. Die Stelle nicht in *Jacobi: Werke.* Bd 3.

81,30 Nachdenken: vgl. hierzu *Hegel: Differenzschrift.* Philos. Bibliothek Bd 319a. Hamburg 1979.101,24 u. d. Herausgeber-Anmerkung hierzu.

81,33 Sylphide: weiblicher Luftgeist.

82,3—8 Vgl. *Jacobi: Werke.* Bd 3.231.

84,4—6 Vgl. *Jacobi: Werke.* Bd 4, Abt. 1.116.

Jacobi: Werke. Bd 4, Abt. 1.210—212 (geänderter Text).

86,12—22 Verkürztes Zitat aus *Beiträge.* H. 3.36f. Vgl. *Jacobi: Werke.* Bd 3.102f.

86,36—87,4 Vgl. *Jacobi: Werke.* Bd 3.181.

90,5—19 *Jacobi an Fichte.* 32f. Vgl. *Jacobi: Werke.* Bd 3.37f.

Anmerkungen der Herausgeber 143

90,15—16 privilegium aggratiandi: In *Jacobi: Werke* findet sich am angegebenen Ort (vgl. vorherige Anmerkung) als Erläuterung folgendes Zitat aus *Ferguson, Principles of moral and political science* (Part II, chapter 5, section 1): „Gewalt mag wirken auf das Leben, indem sie dem Menschen gewisse Übel vorhält, ihn vom Unrecht abzuschrecken; aber das sittlich Böse selbst ist ein größeres Übel, als diejenigen, welche die Gewalt aufzulegen vermag; und daher ist die Verpflichtung zu Redlichkeit und Menschlichkeit so vollkommen, als durch die Furcht vor einem Übel oder die Rücksicht auf Glückseligkeit, irgend eine es werden kann. Wer über das Verhalten nachdenkt, das ihm in einem gewissen Falle geziemt, wird sich manchmal weniger stark angetrieben finden, einem Menschen das, was man sein Recht nennt, als einem Anderen Hilfe und Beistand angedeihen zu lassen. Ein Knabe lag fast nackt auf dem Grabe des Vaters, den er kürzlich verloren hatte; ihn sah ein Mann, der eben zu seinem Gläubiger ging, eine verfallene Schuld, seiner Zusage gemäß, zu bezahlen; der Mann richtete den Knaben auf und verwandte zu desselben Besten das Geld, auf welches der Gläubiger schon wartete; dieser war also getäuscht. Wer wollte diese Handlung der Menschlichkeit mißbilligen, als hätte ihr eine strengere Verbindlichkeit widerstritten? Selbst vor den Gerichten begründet zuweilen die äußerste Not eines Menschen die Nichtvollstreckung des Rechts eines Anderen. So wird dem, welcher in Gefahr ist zu verhungern, Antastung fremden Eigentums zu seiner Erhaltung gestattet, und die Forderung der Menschlichkeit heiliger, als die eines unbedingten und ausschließenden Rechtes, geachtet."

91,3—20 *Jacobi: Spinoza*. 239—242. Vgl. *Jacobi: Werke*. Bd 4, Abt. 1.232—234 (geänderter Text).

92,7 Vgl. *Jacobi: Werke*. Bd 5.120ff und bes. 392ff. (Zur Editionsgeschichte des Romanes *Woldemar* vgl. ebenda. IIIf.)

92,13 für Jacobi] Original: Jacobi für.

92,38 Jacobis Romane *Allwills Briefsammlung* und *Woldemar* sind wieder abgedruckt in *Jacobi: Werke*. Bd 1 und Bd 5.

93,7 tingiert: von lat. tingere = eintauchen, färben: eingefärbt.

96,13 [*Friedrich Schleiermacher:*] *Über die Religion. Reden an die Gebildeten unter ihren Verächtern*. Berlin 1799.

99,20 oben] Siehe 6ff.

100,27—30 Vgl. *Fichte: Bestimmung des Menschen*. Vor allem 87. Vgl. *Fichte: Werke*. Bd 2.205f.

102,12 nachher] Siehe 117,38ff.

103,9—12 Vgl. hierzu auch die Figur Schoppes bei *Jean Paul: Titan*; dort besonders Bd 4.33. und 34. Jobelperiode.

104,9 Mangelhaftes] Original: mangelhaftes.

105,26—27 *Jacobi an Fichte*. 3f. Vgl. *Jacobi: Werke*. Bd 3.11.

105,30—32 Schildkröte: Vgl. vorliegenden Band 72,22.

108,9—10 *Fichte: Bestimmung des Menschen*. Zweites Buch: *Wissen*. 71ff. Vgl. *Fichte: Werke*. Bd 2.199ff.

108,16—29 Vgl. *Fichte: Werke.* Bd 2.206.

109,2—6 *Fichte: Bestimmung des Menschen.* 161f. Vgl. *Fichte: Werke.* Bd 2.240.

109,12 annoch: weiterhin, immer noch.

109,16—18 *Fichte: Bestimmung des Menschen.* 163. Vgl. *Fichte: Werke.* Bd 2.241.

109,24 Vgl. *Fichte: Werke.* Bd 2.243.

109,29 *Fichte: Bestimmung des Menschen.* 174. Vgl. *Fichte: Werke.* Bd 2.245.

111,18 Vgl. *Fichte: Werke.* Bd 1.102.

111,34—37 *Fichte: Grundlage.* 191—195. Vgl. *Fichte: Werke.* Bd 1.224—227.

112,27—39 *Jacobi an Fichte.* 14, 27, VIII. Vgl. *Jacobi: Werke.* Bd 3.19,32,6.

113,8—19 Vgl. *Spinoza: Opera* (ed. Paulus). Bd 1.20f; *Spinoza: Opera* (ed. Gebhardt). Bd 1.160. — Quidam sunt ... curare debemus: „Manche bestreiten, daß sie eine Idee von Gott haben, obgleich sie ihn, wie sie selbst sagen, verehren und lieben. Wenn man diesen Leuten auch die Definition und die Attribute Gottes vor Augen hält, so wird man doch damit ebensowenig etwas erreichen, als wenn man einen blindgeborenen Menschen über die Unterschiede der Farben, wie wir sie sehen, belehren wollte. Indes kann man auf die Worte solcher Leute wenig geben, sondern man möchte sie für eine neue Art von Tieren halten, die zwischen den Menschen und den unvernünftigen Tieren in der Mitte stehen." (Übers. *A. Buchenau* in der *Philosophischen Bibliothek* Bd 94.)

113,20—22 *Jacobi an Fichte.* 39f; vgl. ebenda 15f,18f, 32, 48f. Vgl. *Jacobi: Werke.* Bd 3.44; 20f, 23, 37, 49. — Siehe vorliegenden Band 85,14ff.

114,3—4 *Beiträge.* H. 3. 14. Vgl. *Jacobi: Werke.* Bd 3.76.

114,12—14 *Jacobi an Fichte.* 49. Vgl. *Jacobi: Werke.* Bd 3.49.

114,28—31 *Jacobi an Fichte.* 48. Vgl. *Jacobi: Werke.* Bd 3.48.

115,22—24 *Jacobi an Fichte.* 31. Vgl. *Jacobi: Werke.* Bd 3.36.

116,5 oben] Siehe 102f.

118,24 Zum folgenden vgl. *Fichte: Bestimmung des Menschen.* Drittes Buch; ferner *Fichte: Appellation an das Publikum.* Jena und Leipzig, Tübingen 1799. 113f. — Vgl. *Fichte: Werke.* Bd 2.248ff; Bd 5.237.

120,33—121,4 Das Zitat ist kompiliert aus *Fichte: Bestimmung des Menschen.* 48—50. Vgl. *Fichte: Werke.* Bd 2.189f.

121,25—28 Vgl. *Fichte: Werke.* Bd 2.214.

121,31 unten] Siehe 122ff.

121,32—33 *Fichte: Bestimmung des Menschen.* 25 und 48. Vgl. *Fichte: Werke.* Bd 2.178 und 189. — Vgl. *Albrecht von Haller: Versuch schweizerischer Gedichte.* Bern 1732. Die zitierte Stelle findet sich in dem Gedicht „Die Falschheit der menschlichen Tugenden",

Anmerkungen der Herausgeber 145

Vers 289f.: Ins innre der Natur dringt kein erschaffner Geist, / Zu glücklich, wenn sie noch die äußre Schale weist!

122,1 oben] Siehe 108ff und Anm. zu 108,9–10.

122,3–5 Vgl. *Fichte: Bestimmung des Menschen*. Drittes Buch. Vgl. *Fichte: Werke*. Bd 2.248ff.

123,2 ad hominem: dem Menschen angemessen.

124,3–125,5 Frei zitiert aus *Fichte: Bestimmung des Menschen*. 221–230. Vgl. *Fichte: Werke*. Bd 2.266–270.

125,18–20 *Platon: Timaios*. 34b.

125,38 Zum folgenden vgl. *Fichte: Bestimmung des Menschen*. 222ff. Vgl. *Fichte: Werke*. Bd 2.267f.

126,37 oben] Siehe 120,29ff.

129,12 oben] Siehe 127ff.

134,15 Gott selbst ist tot: Vgl. hierzu das Kirchenlied zum Karfreitag von Johannes Rist (1607–1667): „O große Not, Gott selbst liegt tot / am Kreuz ist er gestorben, / hat dadurch das Himmelreich / uns aus Lieb erworben." Zuerst veröffentlicht bei J. Porst, Geistliche und liebliche Lieder. Berlin 1796. Nr. 114. – Vgl. im Literaturverzeichnis *Jürgen Moltmann* ²1973, S. 221 u. *Hans-Dieter Ueltzen*.

134,17–18 la nature ... hors de l'homme: Verkürztes Zitat aus *Pascals Pensées* (ed. Brunschvicg Nr. 441): „Pour moi, j'avoue qu'aussitôt que la religion chrétienne découvre ce principe, que la nature des hommes est corrompue et déchue de Dieu, cela ouvre les yeux à voir partout le caractère de cette vérité; car la nature est telle, qu'elle marque partout un Dieu perdu, et dans l'homme, et hors de l'homme, et une nature corrompue." – „Was mich angeht, so gestehe ich, daß sobald die christliche Religion diesen Grundsatz enthüllt, daß die Natur des Menschen verdorben ist und er von Gott verstoßen sei, die Augen geöffnet sind, um die Zeichen dieser Wahrheit überall zu sehen; denn die Natur ist derart, daß sie überall sowohl im Menschen als außerhalb des Menschen auf einen verlorenen Gott hinweist und auf eine verderbte Natur." (Übers. *Ewald Wasmuth*, Heidelberg 1937.)

SACHINDEX

Der Sachindex bezieht sich nur auf die Texte Hegels. Er ist kein mechanischer Begriffsindex und auch nicht auf Vollständigkeit hin angelegt. Er verzeichnet neben definitorischen Stellen für Hegel charakteristische Prägungen, die geeignet sind, mit dem Duktus seines Denkens vertraut zu machen. / = „versus".

Aberglaube 4
Abgrund
— geheimer 133
— des Nichts 134
Absolute(s) 14, 105
— für Jacobi und Fichte allein im Glauben 112
— negative Seite od. Bedeutung des 99, 133
— Unvollständigkeit des 104
— wahrhaft ... für Kant u. Jacobi ein absolutes Jenseits 93
Absolutheit 6
Abstraktion 107
Ästhetische 35
Affirmation
— absolute 14
— wahre 59
Anschauung
— Deduktion der Formen der 20
— empirische / intellektuelle bei Fichte 103
— intellektuelle 18, 103f
— — wahrhafte intellektuelle 105
Ansich 21, 126
— Erhebung des Endlichen zu einem ... durch Jacobi 51
— Erkennen des 22
Antinomie(n)
— dynamische und mathematische ... Kants 31f

Aposteriorität 28
Apperzeption
— ursprüngliche synthetische Einheit der 17ff
Apriorität, Idee wahrhafter 28
Atheismus (Jacobi) 114f
Aufgehobensein
— absolutes ... des Gegensatzes 15
Aufklärerei 14
— Dogmatismus der 5
Aufklärung
— Grundcharakter der 7
— negatives Verfahren der 2

Begriff 5f, 8
— absoluter 59
— als das an sich Negative 8
— als Negativität für das Empirische 8
— reiner 11, 100, 134
— unendlicher 11f
— Vernunftbegriff 51f
Beherrschen
— durch den Begriff 8
— Beziehung des 7
Berechnen, Berechnung
— für die Einzelheit 7
— verständige ... des Universum od. der Welt 10, 99
Beschränktheit, als ewiges Gesetz 11

Sachindex

Beweis, ontologischer ... fürs Dasein Gottes 33
Bewußtsein (s.a. Selbstbewußtsein)
- gemeines 89
- gutes 5
- nichtphilosophisches 88
- Philosophie über das gemeine 103f
- reines 103
Bildung(en) 134
- Seite der 133
- System der 6
- philosophische 133
Böse, das 125f

Dasein
- ... enthüllen (Jacobi) 66
- empirisches 4f
- höchstes 6
Deduktion
- Fichtesche 104ff
- Jacobische 47ff
- der Sinnenwelt (Fichte) 102f
- transzendentale Kants 20ff, Fichtes 107f
Denken
- Ich als absolutes 99
- höchste Anstrengung des formalen 110
- u. Glauben im nichtphilosophischen Bewußtsein 88
- leeres 109f, 118
- Realität des 117
- reines 14, 60, 113
- u. Sein 82
- als Unendlichkeit und negative Seite des Absoluten 133
- wahrer Charakter des 59
Ding(e)
- absolutes 14
- als höchste Abstraktion der Position 14
- an sich 22f, 51
- gemeine 91
- heilige (Vaterland, Volk, Gesetze) 91

- unendliche Reihe endlicher (Spinoza) 54ff
Dogmatismus
- absoluter 51
- alter 132
- der absoluten Endlichkeit und Subjektivität 86
- der Aufklärerei 5
- des Denkens 132
- deutscher analysierender 46
- des Seins 132
Dualismus, absoluter 115

Egoität (s.a. Ich, Subjektivität), als absolutgemachte Negation 14
Einbildungskraft 20f
- Prinzip der produktiven 17f
- — organische Idee der produktiven 39
- — produktive (Kant) eine wahrhaft spekulative Idee 18f
- für Jacobi etwas Willkürliches und Subjektives 73
- transzendentale 28, 36, 78
- — Idee der transzendentalen 132
Einheit
- abstrakte 76
- / Mannigfaltiges 8
- Spinozische 38
- absolute synthetische 76
- — ursprüngliche synthetische 17
- wahrhafte, organische 38
Empfindelei, moralische 125
Empirie
- einheitslose 109
- reine 106f
Empirische(s) 3
- Absolutheit des 100
- als absolutes Nichts 9
- als Negativität für den Begriff 8
- dem unendlichen Begriff entgegengesetzt 10f

Empirismus 9, 46
— absoluter, sittlicher und wissenschaftlicher 10
— gemeiner 107
— gemeinster Jacobis 48
Endliche(s) 7
— Absolutsein des 8f
— als absolute Wahrheit 13
— Flucht vor dem 4
— Gewißheit des 50
— / Unendliches 7f
— Vernichtung des 50
Endlichkeit 83
— Absolutheit der 9
— — Prinzip einer absoluten 8
— — Pfahl einer absoluten 28
— zu einem Absoluten gemacht 14
— absolute (Kant) 16
— als allerhöchste Abstraktion der Subjektivität 33
— dogmatische objektive, dogmatische subjektive absolute 31
— Geburt der 73
— Heiligen der 13
— Nichts der 49
— in positiver Form qua praktische Vernunft 33
— Realismus der 10
— überhaupt 61
— als solche verschwunden 14
Entgegengesetztsein des Unendlichen u. Endlichen 8, 11
Entweder — Oder 114
Erfahrung 16, 39f
Erkennen, Erkenntnis
— Beschränktheit des 126
— das Endliche 14
— formale 106
— höchste 5
— aus dem Mangel 105
— wahrhaftes 105
Erkenntnisvermögen, menschliches 26, 28, 39
Erklären, natürliches 57f
Erlösung 125

Eudämonismus (s.a. Glückseligkeitslehre) 5ff, 14, 95
— Teleologie des 122
— unmittelbarer 10
Ewige 7, 55
— Einssein mit dem 126f
Ewigkeit 57

Forderung (s.a. Sollen)
— absolute 99
Freiheit 30, 125f
— Idee der absoluten 134
— heiterste 134
— sittliche 91
Frömmelei 125

Galimathisieren 71
Ganze(s)
(s.a. Totalität)
— das Erste der Erkenntnis 106
— wahrhaftes 107
Genuß, höchster 6
Gegensatz
— absolutes Aufgehobensein des 15
— Absolutsein des ... von Endlichkeit, Natürlichem, Wissen und Übernatürlichem, Übersinnlichem und Unendlichkeit 93
— Pfahl des absoluten 12
— Vernichtung der 63
Geist 125
— Wesen des 127
— Weltgeist, Form des 3
Geistige, wahrhaft 131
Geisterreich 131
Gesang 88
Gesetz 128
— objektives 43
Glaube(n) 1—3, 8, 15, 71, 83ff, 94, 112, 115ff
— erkenntnisleerer (Kant) 50
— formaler Idealismus des 119
— Idee des 131
— an ein Jenseits (s.a. Jenseits) 12

Sachindex

– ein Jenseits für das Wissen 15, 41
– in die Philosophie eingeführt 88f
– praktischer 41f
– u. Reflexion 87ff
– Reflexionsbegriff des 83
– nur etwas Subjektives und Endliches 43
– Vermögen des 12
– Vernunftlosigkeit des 29, 41
– Verunreinigung des 89
– / Wissen 1f
Glückseligkeit 6, 116
– Begriff der 7
– empirische 6
– als Idee begriffen 5f
Glückseligkeitslehre (s.a. Eudämonismus) 5
Gott 114
– Mensch gewordener 125
– selbst ist tot 134
– unerkennbarer 7
– ursprüngliches Abbild G.es 125
Gottesbeweis, ontologischer 33
Götzendienst, innerer 92
Grund, Satz des G.es 45ff
Grundsatz
– die zwei ersten, der dritte (Fichte) 111f
– System der (Kant) 23
Gute, das 124
Guten, die 124f

Handeln 118, 120
– reinfreies (Fichte) 102
Handlung(en)
– Ganzes der 130
– religiöse 88
Heiligen, Heiligung
– der Endlichkeit 13
– der Subjektivität 89
– wahre 13
Herzergießen, frostiges und schales 67
Hölle, Verdammnis der 92f

Ich (s.a. Egoität und Subjektivität) 60, 103, 120, 134
– als das Absolute 131f
– Ich denke 22f, 30f
– Ich = Ich 102, 115
– leeres 19
– Wahnsinn des Dünkels dieses (Fichte) 121
– wahres 19
Idealismus 9, 15
– des Endlichen 11
– der Endursachen 38
– formaler 26, 101, 109, 130f
– – Wesen des formalen oder psychologischen 24
– formeller od. logischer 116
– kritischer Kants 14f, 22, Fichtes 100
– – d.i. eigentlich psychologischer 23
– praktischer 116
– reiner 99
– theoretischer 116f
– transzendentaler; theoretische Wissenschaft des (Fichte) 115
– wahrer 23
Idee 14, 55f, 130
– absolute 106
– negative Seite der absoluten 60
– ästhetische 34f
– als wahrhaft Geistiges 131
– höchste 15, 134
– allein wahre und philosophische 31
– – philosophische, in die Erscheinung herabgezogen 123
– positive 132
– spekulative 93
– Vernunft-I. 132
Identität
– absolute 15
– – absolute des Denkens u. Seins 41
– – absolute des Subjekts und Objekts 23

Sachindex

- des Bedingten und Unbedingten 63
- formale 23f
- — reine absolut formale 60
- vernünftige Identität der 20
- leere 110
- reine Leerheit der 28
- des Natürlichen und Übernatürlichen 63
- relative 99
- transzendentale 23
- wahre ... des Inneren u. Äußeren 4f

Idiot 97
Immoralität, Bewußtsein der 130
Integration des Ideellen durch das Reelle bei Fichte 117

Jenseits 2, 29, 43, 131f
- absolutes 93
- Glauben an ein absolutes 11, 41, 44
- der Identität für das Erkennen 98

Karfreitag
- der sonst historisch war 134
- spekulativer 134
Kategorie(n) 24, 29
—Deduktion der 17, 20, 30, 39, 48, 93
- Objektivität der Kantischen 25
Kirche 97
- triumphierende 96
Kritik der Erkenntniskräfte (Kant, Fichte, Jacobi) 11
Kritizismus 67
- Verunglimpfungen des ... durch Jacobi 79
Kubus des Spinoza 105
Kultus 94
Kunst 89
Kunstwerk 98

Lebendige, das 127f

Leiden, absolutes 134
Liebe, unendliche 96
Logos 62

Magnet 18
Mangel, reiner 107
Mensch, Menschheit 12ff
- als Abglanz der ewigen Schönheit, als geistiger Fokus des Universums 12
- als eine fixe unüberwindliche Endlichkeit der Vernunft 12
- Philosophie, die darauf ausgeht, den ... zu erkennen 12, 20
- nach der Erscheinung des Bewußtseins betrachtet 63
Menschenverstand
- allgemeiner, als Prinzip der Fichteschen Philosophie 112
- echter gesunder 123
- Kultur des gemeinen 11
Menschwerdung, ewige 125
Metaphysik der Subjektivität 132
Mitte 43f, 78f
- absolute 99, 114
- wahrhafte 41
Moralität / Sittlichkeit 127ff

Nacht, reine der Unendlichkeit 123
Natur 27f, 42, 116ff, 120ff, 127
- allergemeinste Ansicht der 121
- bewußtlose 124
- als reine Erscheinung 122
- ewige 121
- ewiges Gesetz der 127
- organische 35f
- sittliche 127
- Teleologie der 122
- als Universum 95
- als das Ursprüngliche 126
- als ein zu Vernichtendes 120, 122
- Versöhnung der 125
- Wesen der 127

Sachindex

Negation, absolute 59
Negativität, die nicht dualistische 115
Nichtidentität, absolute 121
Nichts 59f, 133
— Erkenntnis des absoluten ... das Erste der Philosophie 113
— der Reflexion 113
Nihilismus 113ff
— der Transzendentalphilosophie 115
Norden, Prinzip des 3
Notwendigkeit
— ewige 125
— heilige 127

Objektives / Subjektives 3

Paralogismen (Kant) 30f
Pflicht(en) 128ff
Pharisäismus 129
Philosophie, Philosophieren 6, 89, 114, 134
— des Absoluten 134
— Aufgabe der wahren 15
— über das gemeine Bewußtsein 103f
— dogmatische (s.a. Dogmatismus) 134
— das Erste der 113
— alleiniger Inhalt der 15
— die darauf ausgeht, den Menschen zu erkennen 12f
— in empirische Psychologie verwandelt 10
— praktische 9
— problematisches 111
— der Subjektivität 125
— theoretische 9
— Tod der 2
— der Unendlichkeit dem Absoluten näher als ... des Endlichen 134
— unvollkommene 3
— wahre 41, 133
— Wahrheit u. Gewißheit für die 104

— Reflexions-Philosophie 43, 67
Physikotheologie 122
Postulat(e), Postulieren 15, 42f
Priester
— und Gemein(d)e 97
— als Virtuose des Erbauens und der Begeisterung 97
Privation als absolutes An-sich 14
Progreß
— unendlicher 32, 115, 117, 123
— — empirisch-unendlicher 131
Protestantismus, protestantisch 3, 7, 94ff
— schöne Subjektivität des, subjektive Schönheit des 7, 94
— Sehnsucht und Schmerz des 95
— Subjektivität 93
Psychologie, empirische 10

Realismus der Endlichkeit 10
Realität
— denkbarschlechteste absolute 120
— einzig wahrhafte 15
Recht 128[*]
Rechtslehre (Kant) 89
Rechtsverfassung (Fichte) 127
Reflexion 55ff
— Absolutsein der 62
— Befreiung von der 63f
— ewiges Dilemma der 73
— Einheit der ... zum Höchsten gemacht (Kant) 14
— Endlichkeit der 134
— Fußeisen der 106
— u. Glauben 87ff
— Nichts der 74, 87ff
— unspekulative 67
— R.s-Aberglaube 132
— R.s-Gedanke, gemeiner 73
— R.s-Kultur, zum System erhoben 11f
— R.s-Metaphysik, alte 132
— R.s-Philosophie(n) 43, 67, 89
Rekonstruktion 127
— der Welt an sich 125

Religion(en) 2, 96, 125f
— als Empfindung 4
— Katholizität der 97f
— r.öser Künstler 96
— der neuen Zeit 134
— positive 1f
— Natur-Religionen 134

Schluß, apriorischer 22
Schmerz
— der religiösen Sehnsucht 95
— unendlicher 134
Schönheit 34f
— reiner Leib der innern 4f
— sittliche 90
— — sittliche einzelne 88f
— subjektive 3f
Sehnen, Sehnsucht 4f, 94ff, 98f
— Dogmatismus der 96
— nach einem Jenseits 94
— Schmerz der religiösen 95
— unendliche ... über Leib u. Welt hinaus 5
— / Schauen 95—98
Sein
— reines 14
— Wahrheit des 4
Selbstbewußtsein, reines 60, 102
Seligkeit, höchste 6
Sinnlichkeit, absolute 12
Sittliches, Sittlichkeit 91
— echte 130
— wahre 128f
— — wahre Realität des 127
Skeptizismus 9, 11
Sollen, sollen (s.a. Forderung) 41, 99, 101, 110
— nur etwas Subjektives und Endliches 43
Spekulation, Spekulatives, spekulativ (s.a. Idee) 131f
— spekulativ abstrahieren 107
— Keim des 28
Spontaneität als Prinzip der Sinnlichkeit (Kant) 17
Staat 97, 127
Subjekt, Subjektivität (s.a. Egoität, Ich) 3f, 29, 100, 134
— absolute 16 (Kant), 115
— — Philosophie der 125
— als absolute Wahrheit 13
— an sich selbst festhängend 92
— Erbärmlichkeit der 92
— Festsein der 4
— gemeine Ansicht der 125
— Heiligung der 89
— Metaphysik der 132
— Philosophien der 4
— protestantische 93
— Vergötterung des 95
— in ihrem Vernichten 129
Synthesis
— absolute 19
— ursprüngliche 74
System
— der Grundsätze (Kant) 23
— des Wissens (Fichte) 110

Teleologie
— ältere 122
— Fichtesche 122
Theologie, Kritik der spekulativen (Kant) 32f
Totalität (s.a. Ganzes) 76, 106
— absolute Wahrheit der 104
— Absolutsetzen der einzelnen Dimension der 133
— höchste 134
— Idee der 78, 104, 107
Triplizität 27f
— Form der (Fichte) 111f
Tyrannei, absolute 128

Übel 125ff
Unendliche(s) 6f, 54ff, 59
— actu ... (mathematische Gleichnisse bei Spinoza) 58ff
— der Einbildungskraft 55
— empirische 56
— Idee des 60
— der Reflexion 61
— das selbst nicht wahre 13
Unendlichkeit 117f, 133f
— empirische 31, 55f, 58f, 61

Sachindex

— endliche 63
— Formen der 60f
— reine Nacht der 133
— als negative Seite des Absoluten 99
— Philosophie der 134
— des Verstandes, der Substanz 55

Universum (s.a. Welt)
— geistiger Fokus des 11
— Natur als 95

Unphilosophie, vollständiger Sieg der 32

Unsittlichkeit 129f

Urteil(e) 20—23
— Idee der synthetischen . . . a priori 17ff
— u. Schluß 19f

Urteilskraft
— reflektierende (Kant) 33ff
— Kritik der teleologischen (Kant) 35f

Vernichten, Vernichtung 86ff
— der Gegensätze 63f
— reine . . . des Gegensatzes oder der Endlichkeit 133
— der Subjektivität 129
— der Zeitlichkeit 86

Vernunft 2, 14, 17, 32, 41f
— absolute, als an sich seiend 126
— aufklärende (s.a. Aufklärung) 1, 20f, 28ff
— nur Endliches denkende 11
— formale od. negative 61
— Formalismus der 65
— formeller Begriff der 26
— / Glaube 1
— Grenzpfähle der 7
— Idee der 28, 64
— als eine reine Negativität 43
— praktische 29f, 32f, 116f
— sog. reine 5
— Siegerin 1
— absolute Subjektivität der 123

— theoretische u. praktische 30, 116f
— als Trieb und Instinkt 11
— die nur Verstand ist 2
— wahre u. alleinige 34
— Zertretung der 33
— V.begriff 51f
— V.einheit 29
— V.erkenntnis 78
— V.idee 17, 132

Vernünftiges, in ein Verständiges verwandelt (Kant) 15

Versöhnung 5, 95ff, 125
— mit der Natur 95f
— mit dem Universum 98

Verstand (s.a. Menschenverstand) 4, 25ff, 132
— Unvollkommenheit der Kantischen Annihilation des 49
— anschauender, intuitiver 28, 36f
— apriorischer, aposteriorischer 25f
— Betrachtung des endlichen . . . als Zweck Lockes und Kants 17
— diskursiver, menschlicher 25ff, 37
— erkennt nichts an sich 50
— Gefahr des 3
— von aller Gesundheit abgekommener 132
— als spekulative Idee 27
— Jubel des 33
— Objektivität des 5
— Unendlichkeit des 55

Volk 128

Wahl 129

Wahrheit 13
— empirische 104
— Geburtsstätte der 133
— für die Philosophie 104
— absolute . . . der Totalität 104

Welt (s.a. Universum)
— empirische 5
— an sich rekonstruiert 125

Sachindex

- übersinnliche 120
- Weltgeist, Form des 3
- Weltordnung, moralische 115
- Wille, reiner 118ff, 126ff
- Willensakt, reiner 108, 118ff
- Wirklichkeit, gemeine 5
- Wissen
  - einziges 15
  - Fichtes Weise, vom ... zu wissen 102f
  - formales, leeres 22, 39f, 44, 104f, 110ff
  - Formalismus des idealistischen (Fichte) 101
  - / Glauben 1ff
  - leeres = Ich (Fichte) 101f, 104
  - reines absolutes 102ff
  - Subjektivität des 44ff
  - transzendentales 39
- Wissenschaft
  - formelle 132
  - theoretische 108, 115f

- Zeit, Zeitlichkeit
  - Erklärung, Abstraktion der 57
  - Vernichten der 86
- Zweck, Zweckbegriff 118f, 127f
  - äußere Seite des 130

PERSONENVERZEICHNIS

Der Index gilt nur für den Textteil und nur für historische Personen. Stellen, die ausdrücklich auf eine bestimmte Person anspielen, ohne sie namentlich zu nennen, sowie Zitierungen aus Werken, die ohne Nennung des Autors gebracht werden, sind in ( ) aufgeführt. Wendungen wie z.B. Lockeanismus, pythagoräisch usw. sind bei den betreffenden Namen (Locke, Pythagoras) mitverzeichnet.

Boulis 91

Dante, Alighieri 92
David (König) 90

Epaminondas 90
Epiktetos 65

Fichte, Johann Gottlieb 1—14, 24, 42f, 60, 69, 83, 85, 88, 98—134

Goethe, Johann Wolfgang (25), 92

Herder, Johann Gottfried 65f
Horatius, Quintus Flaccus (3f)
Hume, David 17, 46, 83f, 99
Hydarnes 91

Jacobi, Friedrich Heinrich 1—14, 44—99, 101f, 105, 112—116, 132—134
Jean Paul cf. Richter

Kant, Immanuel 1—44, 46, 48— 51, 55, 60—74, 78—90, 93, 98—100, 110, 114, 116f, 119, 122f, 132—134
Kleomenes aus Sparta 92
Köppen, Friedrich 62, 67, (71), 76f, 86f, 105

Lichtenberg, Georg Christoph 79
Locke, John 10, 16f, 26, 46, 83, 99

Mendelssohn, Moses 33, 46, 53, 83f, 87

Otho, Marcus Salvius 90

Pascal, Blaise 134
Paul, Jean cf. Richter
Platon 30, 78, 125
Pythagoras 59

Reinhold, Karl Leonhard 73—81
Richter, Jean Paul Friedrich 79

Schleiermacher, Friedrich (96)
Sperthies 91
Spinoza, Baruch de 38, 49, 51— 63, 65—67, 71, 81, 105, 113

Timoleon 90

Voltaire 122f

Witt, Jan de 90

Xerxes 91

G. W. F. Hegel in der Philosophischen Bibliothek

Neue Studienausgaben auf der Grundlage
der historisch-kritischen Edition
„G. W. F. Hegel, Gesammelte Werke"

Jenaer Kritische Schriften (I)
Differenz des Fichteschen und Schellingschen Systems der Philosophie. - Rezensionen aus der Erlanger Literatur-Zeitung. - Maximen des Journals der Deutschen Literatur. Nach dem Text von G. W., Band 4.
PhB 319a. 1979. XXVIII, 180 S. Kt. 24,-

Jenaer Kritische Schriften (II)
Wesen der philosophischen Kritik. - Gemeiner Menschenverstand und Philosophie. - Verhältnis des Skeptizismus zur Philosophie. - Wissenschaftliche Behandlungsarten des Naturrechts. Auf der Grundlage von G. W., Band 4.
PhB 319b. 1983. XXXIX, 212 S. Kt. 32,-

Jenaer Kritische Schriften (III)
Glauben und Wissen. Nach dem Text von G.W., Band 4.
PhB 319c. 1986. XXV, 156 S. Kt. 28,-

Jenaer Systementwürfe I
Das System der spekulativen Philosophie - Fragmente aus Vorlesungsmanuskripten zur Philosophie der Natur und des Geistes. Nach dem Text von G.W., Band 6.
PhB 331. 1986. XXXVII, 238 S. Kt. 38,-

Jenaer Systementwürfe II
Logik, Metaphysik, Naturphilosophie. Nach dem Text von G.W., Band 7.
PhB 332. 1982. XXXIV, 388 S. Kt. 38,-

Jenaer Systementwürfe III
Naturphilosophie und Philosophie des Geistes. Nach dem Text von G. W., Band 8.
PhB 333. 1986. Ca. XXXVIII, 194 S. Kt. 38,-

Wissenschaft der Logik. Erster Band. Die objektive Logik. Erstes Buch. Das Sein (1812)
Nach dem Text von G. W., Band 11.
PhB 375. 1986. LIII, 320 S. Kt. 28,-

FELIX MEINER VERLAG · HAMBURG

G. W. F. Hegel in der Philosophischen Bibliothek

Enzyklopädie der philosophischen Wissenschaften im Grundrisse (1830)
PhB 33. 1975. LII, 506 S.
Kt. 32,–

Wissenschaft der Logik
PhB 56/57. 2 Bde. zus. 48,–
PhB 56. Band I. 1975.
VII, 405 S. Kt. 24,–
PhB 57. Band II. 1975.
VIII, 512 S. Kt. 30,–

Vorlesungen über die Philosophie der Religion
PhB 59/60 u. 61/63. 2 Bde. zus. 72,–
PhB 59/60. Band I: Begriff der Religion. – Die bestimmte Religion (1. Kap.)
1974. XVI, 340 S. u. VIII, 247 S.
Kt. 38,–
PhB 61/63. Band II: Die bestimmte Religion (2. Kap.). Die absolute Religion
1974. VIII, 256 S. u. X, 264 S.
Kt. 38,–

Glauben und Wissen
PhB 62b. 1962. IV, 128 S.
Kt. 12,–

Jenaer Realphilosophie
PhB 67. 1969. VIII, 290 S.
Kt. 26,–

Phänomenologie des Geistes
PhB 114. 1952. XLII, 598 S.
Kt. 28,–.

Grundlinien der Philosophie des Rechts
PhB 124a. 1967. XVIII, 434 S.
Kt. 28,–

System der Sittlichkeit
PhB 144a. 1967. 93 S.
Kt. 12,–

Einleitung in die Geschichte der Philosophie
PhB 166. 1966. XIX, 311 S.
Kt. 28,–

Vorlesungen über die Philosophie der Weltgeschichte
PhB 171a-d. 2 Bde. zus. 82,–
Band I: Die Vernunft in der Geschichte.
PhB 171a. 1980. XI, 294 S.
Kt. 28,–. Ln. 34,–
Bände II-IV (in einem Band): Die orientalische Welt; Die griechische und die römische Welt; Die germanische Welt.
PhB 171b-d. 1976. XVI, 690 S.
Kt. 62,–

FELIX MEINER VERLAG · HAMBURG